子女成年後關係不疏遠

YOU AND YOUR ADULT CHILD

如何參與二十、三十、四十歲孩子的人生？

HOW TO GROW TOGETHER IN CHALLENGING TIMES

勞倫斯·史坦堡博士 著
Laurence Steinberg, Ph.D.
謝明憲 譯

目錄

本書獻給班恩（Ben）和愛希里（Ashley）

【前言】

孩子大了怎相處？

教養是父母一輩子的功課

美國現今約有六千五百萬名父母擁有一個或多個二、三十歲的子女。與任何階段的父母一樣，這些有成年子女的父母也發現自己需要一些建議、推薦、指導和能夠消除他們疑慮的話語。隨著孩子的年齡增長，養兒育女的要求也會有所改變，但挑戰卻永遠不會消失。無論我們的孩子表現得有多麼好或多麼掙扎，養兒育女這件事永遠不會結束，而它所帶來的不確定性也會永遠存在。也許你曾經以爲只要孩子過了青少年期，養兒育女的難關就已經過去了；然而此刻你卻發現，身爲成年子女的父母本身就是一種挑戰。有些父母發現，這一階段甚至比青春期更令人煞費苦心。

我是擁有近五十年經驗的心理學家，專門從事關於爲人父母和心理發展方面的研究、教學和著作。數十年來，我一直對家長團體發表演講，地點通常是在那些關注如何養育幼童和青少年的學校或社區。我總是會留時間來回答聽眾的問題，並且通常會在演講結束後和那些不好意思在聽眾面前提問的父母聊天。

數十年前，我主要是回答關於青少年的養育問題。儘管現在仍有許多人詢問我這些問題，可是我發現有越來越多的父母擔心如何處理自己與成年子女之間的關係。「我怎麼知道我兒子是否陷入困境？」「我可以幫女兒申請研究所嗎？」「如果我的孩子與某個我認爲是危險的人同居，我該怎麼做？」「過去幾年來，我們一直在經濟上幫助我們那已經二十五歲的孩子，但要幫助到多久才算太長？」「兒子搬回家住，但我們似乎無法就共同生活的規則達成共識。他花許多時間賴在沙發上玩電子遊戲，但我和妻子認爲他應該每天花時間找工作才對。」

我也已經爲人父親和祖父，我從親身的經歷中知道，準確地理解子女的發展階段，以及該階段如何影響他們的思想、行爲和情緒，是爲人父母最重要的工具。想想看，當你的幼兒和後來的青少年閃避著你時（通常是生氣地），一位專業人士冷靜地告訴你「這是發展上的正常現象」，你會如何感到鬆了一口氣。這種知識有助於你建立合理的期待，而合理的期待乃是成爲成功父母的重要關鍵。

可惜的是，成年子女的父母擁有的資源不像嬰兒、學童或青少年的父母那樣隨手可得。沒錯，你可以找到一些由那些與成年子女疏遠的絕望父母所撰寫、或是爲他們撰寫的書籍（但願你不會跟你的成年子女疏遠，而我在第三章中已涵蓋了這個主題），不過，你可能會有關於如何應對養育成年子女的各種挑戰的問題。而那些關於如何走過這段歷程、甚至避免常見的雷區的建議，我們所有人都可以從中受益。《子女成年後，關係不疏遠》是第一本針對所有子女處於二、三十歲的父母的全方位指南。

如何運用此書

本書是根據我自己的研究和我的同事們的開創性成果。此外，它還受益於我超過四十年的大學和研究生的教學，以及我爲人父母的三十八年經驗。從這些豐富的經驗中，我幾乎提供了你和你的成年子女在心理健康、教育、財務、戀愛關係及養育方面可能面臨的所有困難的建議。在整本書中，我以父母和他們的成年子女的軼事來說明這些挑戰。這些家庭案例是根據我與許多父母的對話和相關研究的綜合，不過我已更改了重要的細節以維護這些家庭的匿名性。

開始寫這本書時，我很快就發現我們並沒有一個簡單、通用的術語來描述二、三十歲的孩子，就像我們有「嬰孩」、「幼兒」或「青少年」這樣的標籤一樣。這可能是因爲直到最近之前，關於這個年齡層的討論主要都是集中在他們身爲學生、員工或配偶的身分上，而不是身爲人家的子女。儘管我試圖努力尋找，但我找不到一個不繁瑣或不貶低的術語。由於缺乏更好的總稱，我將「成年子女」和「成年的孩子」交替使用來描述某個年齡層的子女，而不是指情感成熟度有問題的人。

這本書由一些通用的原則開始談起，這些原則爲後面章節所討論的特定問題提供了基礎，例如處理財務、子女的戀愛對象或是關於子女養育孩子的擔憂等。在第一章中，我討論了養育成年子女在今天與前一世代有哪些不同；孩子成年後，你爲人父母的角色會有哪些變化；以及你在孩子的生活中自然想要保持參與的渴望，與他們獨立自主的需求之間該如何保持平衡。第二章討論了如何與孩子保持健康的日常關係，包括在有擔憂時，你是否要發表意見，還是保持沉默為佳；了解及管理那些有成年子女時通常會引發的複雜情緒；建設性地解決你與子女之間的衝突；以及處理你與伴侶在如何養育子女方面的分歧。第三章提供了有關如何照顧子女和自己的心理健康，以及成年子女與父母之間疏遠的原因的建議。

在這些介紹性的章節之後，我轉向那些與孩子的教育、財務和戀愛關係有關的具體挑戰。在每一章中，我探討了通常在親子關係的不同階段可能出現的各種問題。第四章提供了成年子女求學時經常會出現的問題的建議，例如你應該在他們的大學教育中參與多少、傳統大學的替代方案，以及處理他們從學校返家的事宜。第五章解答了你可能在子女完成學業後提供財務支援、幫助他們買房子，以及與他們討論你自己的個人財務。第六章探討了子女的戀愛生活相關的各種問題，包括揭露他們的性取向、伴侶的選擇、與子女及其伴侶保持良好的關係，以及幫助子女順利地度過婚姻的困境或離婚。

這些討論為第七章奠定了基礎，該章解答了我被成年子女的父母問得最多次的問題：我的孩子是否陷入困境（努力找到立足之地）？如果是的話，我可以怎樣幫助他們？（此外，我還描述了那些陷入困境、但表現特別優秀的成年子女。）我把焦點放在父母對子女發展最常擔憂的四個方面，並提出了判斷子女在學業、工作、愛情和居住方面的情況的方法：耗費很長的時間才完成學業、在尋找工作和穩定就業方面有困難、很難建立忠誠的感情關係，以及搬回父母的家中。在每一個例子中，我都提出父母可以採行的方法來幫助那些似乎陷入困境的孩子。

第八章探討了你作爲祖父母的角色，包括如何給予成爲新手父母的成年子女最大的幫助、是否應該對子女養育孩子的方式表達擔憂或給予建議，以及如何與孫子或孫女建立緊密的關係。

最後，我在第九章總結了本書的要點，列出父母可以採取的步驟來強化他們與成年子女的關係，並展望了隨著子女進入四十歲後，他們與子女的關係將如何持續地產生變化。

撰寫這本書時，我考慮了眾多的讀者——那些正在接近這一階段而想要知道可以期待什麼的父母；那些已經處於這一階段並認爲情況進展順利，但認爲還有改進空間的父母；以及那些正在面臨困難，或是感到迷茫和困惑，甚至可能感到絕望而希望知道該怎麼做的建議的父母。無論你屬於這三個類別中的哪一個，我都希望這本書能幫助你成為更輕鬆、更了解、更有能力、更有自信的父母。

關注青年與我們當時在該年紀時的許多方面的變化，是本書的重要主題之一。你可能在抽象的層面上覺察到這一點——媒體針對Y世代（千禧世代，一九八〇年代和一九九〇年代上半葉出生的人）和Z世代（一九九〇年代下半葉或之後出生的人，有時被稱為「後千禧世代」）所發表的言論，讓你很難不去注意到。然而，很少有人談論過去四十年來社會和經濟的變化對身為父母的你意味著什麼，以及如何針對你的期待、態度和行為進行最佳的調整來符合當今的現實。

因此，我們先來看看時光的變遷，以及為什麼現今的青年與當年的我們是如此的不同。

1

不斷演變角色的父母

時代改變了

如今，我們比以往任何時候都更需要一本養育成年子女的指南，這有以下幾個理由：父母已經改變，年輕人已經改變，我們對青年的科學理解已經改變，而時代也已經改變。我們有太多人曾經以爲只要孩子完成大學學業、離開了家或結了婚，我們就能告別養兒育女這件事了。然而，現今的養兒育女卻有別於我們當時的成長期和年輕的成年期。這可能讓人感到困惑，甚至令人心灰意冷。

父母的改變

大約三十歲時，我和父母發生了齟齬。當時我和妻子正在策劃我們的婚禮，而對於我們在婚禮的儀式和招待的某些決定上，我認爲我的父母表現得難以溝通又固執己見。（關於婚禮的安排，父母和成年子女之間發生歧見是常有的事，我會在第六章中討論。）值得讚許的是，我的妻子盡力在我們之間打圓場，但我和我的父母都不肯妥協。在整個策劃的過程和婚禮期間，我們一直都鬧得很不愉快。

在婚禮上，我的父母毫不掩飾他們的不悅之情。我對他們破壞了婚禮的氣氛感到非常憤怒，於是隔天我和妻子要去度蜜月之前也沒給他們打電話。直到將近兩年後我的兒子出生，我們之間的嫌隙才開始釋然，因爲對我們所有人來說，確保良好的祖孫關係比執著於彼此的怨恨更爲重要。

在我們和解之後，我想要和父親談論我們之間發生的事。青少年時期的我經常和母親爭吵，因此和她翻臉並不是什麼新鮮事。然而，這次的意見不合豈止是短暫的分歧，而是我第一次與一直跟我很親近的父親發生爭執。

一天晚上，在我父母家吃過晚飯後，他和我在睡前喝了一杯。當聊完我們平常的話題，諸如政治、工作、運動等，我停下來說我想談談我們的關係。

當時父親看著我，彷彿我要談的是時光旅行或外星人一樣。

「什麼關係？我是你爸爸呀！」

現在很難想像一個父親會對他的孩子說出這樣的話。但是我的父親，出生於一九二〇年代，是他那一代非常典型的人。他在軍中服役；他隱忍克制，並且不會感情用事——儘管他也很親切、有愛心又體貼周到。但談論感受或關係並不是他的風格。

現今那些有成年子女的父母是在完全不同的文化氛圍中長大，談論和分析關係是司空見慣的事，甚至是可以預期的。這些父母定義自己的角色，與我父親和他們那一輩人的定義差異非常大。我無法想像我的父母讀過任何一本有關養育子女的書，除非是斯波克博士（Dr. Spock）的《嬰幼兒保健常識》（*Baby and Child Care*），而即使如此，他們也只是查閱一些具體的事，例如何時開始餵嬰兒固體食物，或是如何緩解幼兒長牙的疼痛。

相較之下，現今那些有年輕成年子女的父母，長時間以來都在親自參與孩子的生活，從研究學齡前的教育到監督（甚至是協助撰寫）大學的申請。父母可能會想知道，既然孩子已經長大成人，是否有理由改變這樣的路線。

此外，這些父母還與子女保持著緊密的聯繫。許多正在就讀或者剛畢業的大學生，每天都透過談話、簡訊、在社群媒體上分享貼文來與自己的父母進行多次的交流。我的一些學生告訴我，在期中考和期末考期間，他們得將這些設備關閉，以防止父母發來的那些令人分心的訊息。

這種頻繁的聯繫在許多方面是很棒的。許多年輕人和父母之間的關係都比以往更加親密，對彼此的生活也更加了解。然而，這種親密性已經侵蝕了某些重要的代際界線，無意中讓成年子女對待自己的父母更像是對待平輩一樣，而不是像過去那樣長幼有序。這可能會對他們的關係造成壓力，尤其是當父母以爲意見不合時孩子會聽從他們的時候。

這種親密性的增加還使父母能了解到子女生活的某些面向，導致他們更擔心子女的身心健康，以及他們彼此之間的相處狀況。（沒錯，二十世紀的父母經常會叨念：「爲什麼你不打電話？」但這種情況通常是孩子一、兩週沒有聯繫他們，而不是幾天。）如今，那些有成年子女的父母感覺到他們的關係有問題時，他們會想要立刻知道他們能做什麼來改善彼此的關係。因此，今天的父母會比以前的父母更千方百計地深入干涉成年子女的生活。

年輕人的改變

在年輕人中，最大的轉變是，他們現在需要更長的時間才能完全進入成年人的傳統角色。他們需要更長的時間來完成學業、實現經濟獨立、安定下來結婚（或類似的安排）、建立自己的住所，以及擁有自己的孩子。

舉一個這些更長的時間框架所造成之影響的例子，看看過去幾十年來，在戀愛關係中穩定下來發生了哪些變化。一直以來，父母總是會關心孩子的伴侶選擇，但在過去，他們擔心的問題主要是在孩子的高中或大學時期。由於這年齡的孩子對於愛情還很青澀及缺乏經驗，因此當父母認爲自己的孩子跟有問題的人交往時，他們會吭聲是很自然的事。而如今，父母往往是「從旁」看著自己的成年子女在二十多歲或三十多歲期間經歷一連串認眞的戀愛關係（這過程可能被線上約會所拖延，致使這些開始更有可能只是虛有其表）。

毫無疑問地，今天過渡到成年的過程比以往都更晚且更長。然而，描述這種延長的過渡期所使用的語詞可以透露一點眞相。有些權威人士納悶爲什麼「人們成長得這麼慢」，暗示著任何不按照某種時間表而達到各種里程碑的人都是不成熟、甚至是懶惰的，其他人則哀嘆有多少人「延長了青春期」。在我的耳裡聽起來，這像是在指責孩子太任性或過度焦慮。還有一些人將他們所看到的描述爲「啓動失敗」，亦即那是一種缺陷或無能。

這種觀點來自於一種假設，即健康的發展是透過成年的要求——婚姻和養兒育女的責任、工作的要求、自力更生的挑戰——來促進的。換句話說，沒有按時完成這些里程碑的人一定是不成熟的。

事實上，這種觀點是錯誤的。沒有任何科學證據表明，延遲進入成年期阻礙了年輕人的心理發展。這是非常重要的事實，但父母們往往很難理解。此外，如同我接下來所要說明的，關於青少年大腦發展的新研究顯示，在適當的條件下，延遲成年期其實能促進大腦的發展，因爲這樣可以延長大腦的可塑期。

科學已改變了我們對於青年期的理解

即使你不仔細閱讀本書的其他部分，也請務必閱讀這一部分，我發現這可以澈底改變我們父母看待孩子的方式。從歷史上來看，發展心理學家或多或少都忽略了青年期，並且除了對「中年危機」有著不必要的著迷外，對於中年成人期也有所忽略。他們只是假設人們在青春期結束時（比如說十八歲左右）就停止成熟，直到老年時才會經歷心理功能的進一步變化。專家們認爲，二十歲到六十五歲之間的年輕人和中年人會受到特定的生活經歷影響（例如結婚或離婚、升遷或被解僱），但不會像人生的其他階段（嬰兒、兒童、青少年和老年）那樣，是以可預測的方式發生改變。

這種假設只有部分是正確的，因爲新的研究顯示，二十歲到二十五歲的情況並非如此。在這五年期間，大腦的解剖結構和活動都發生了重大的變化。這對年輕人的功能運作有著巨大的影響，並且對於父母理解自己的成年子女也有重大的意義。

發展神經科學家（研究大腦解剖結構和活動如何隨著年齡變化的專家）最近才將他們的注意力轉向十八歲之後的大腦發展。他們有兩項發現改變了我們對年輕人的看法，同時也應該改變你對自己孩子的看法。

第一個發現是，大腦在年輕的成人期仍對環境有著非常敏感的反應（科學家稱之爲「可塑性」），達到體驗可以改變大腦的程度。我們很早就知道，大腦在早年是非常具有可塑性的。這就是爲什麼心理學家、公衛專家和教育工作者一直非常關心爲年幼的孩子提供充分的兒童照顧和教育，好讓他們的大腦能利用這些豐富、有益的體驗。

然而在過去的二十年中，人們越來越認識到，青春期的初期會再出現一次可塑性的迸發，並且可能持續到二十五歲左右——只要人們接受足夠的環境刺激，而這些刺激對於讓大腦保持更長時間的可塑性是必要的。

由於我們尚不了解的原因，這種提高可塑性的機會在人們進入成年期（約二十五歲左右）開始關閉。這意味著延遲過渡到成年期的影響，取決於人們這些年是如何度過的。在適當的條件下（包括讓人們面對挑戰和新奇的事物），讓青春期維持久一點，可以延長大腦從刺激中獲得最大益處的時間。

遺憾的是，可塑性是一把雙面刃。當大腦對環境高度反應時，它對好的和壞的體驗都很敏感。好的體驗提供了持續學習和認知發展的機會，但有害的體驗對青少年大腦的影響會比二十五歲之後更爲嚴重。如同我們將在第三章中了解的，這就是爲什麼青春期和青年期更容易受到壓力、創傷、剝奪和成癮藥物傷害的原因。

關於二十歲到二十五歲這時期的第二個重要發現是大腦在這個年齡段的成熟程度，特別是在那些控制自制力的區域。青年比青少年更成熟，但他們仍不像二十五歲後的人那樣成熟。他們還在發展抑制衝動、情緒和同儕影響的能力，這也解釋了爲什麼這階段許多冒險行爲（例如犯罪、狂飲、魯莽駕駛和不安全性行爲）會達到高峰，以及爲什麼它們有許多是發生在群體中。你可能還是必須不時地進行討論，提出你對孩子做出的冒險或魯莽決定的擔憂。如果是這樣，請不要感到訝異。

社會的改變

在過渡到成年的過程中，當某方面的進展被延遲時，往往會造成另一方面的變化。想一想工作性質的變化。現今的工作需要比上一代人更多的學習年限（它們是否眞的需要是另一回事）。這種發展導致更多的年輕人在學校待的時間更長——無論是接受大學以上的教育，還是在大學期間獲取其他的技能。事實上，我們所謂的「四年學位」，現在平均需要美國大學生花費五年或更長的時間才能完成。

教育的延長對青年生活的其他方面產生了連鎖效應。更多的學習年限延遲了進入全職或職業相關工作的時間，而這往往會延長對父母的經濟依賴。由於這些變化的影響，結婚和獨立成家也被延遲，這通常也就將養兒育女的時間推遠到了未來。

要量化「現在成年所需的時間比過去要長多少」是很困難的，因爲這個過渡並不是由單一事件來定義。比方說，我們將這一過程的開始標記爲大學畢業，而將結束標記爲成家。確實，不是每個人都會完成這兩者，但這是構建一個時間表來顯示「這個過渡期的長度在不同世代之間有什麼樣的變化」的有用手段。大多數美國中產階級人士都有讀完大學，其中大部分都有結婚並且成爲父母，通常都是按照這樣的人生順序。這在今天仍然成立，正如上一代人那樣。

根據我使用人口普查局和其他政府機構發布的統計數據進行的計算，現在平均中產階級青年從畢業到成家大約需要十三年的時間，而他們父母那一代人只需要八年左右的時間就可以完成相同的旅程。

五年的差距可能看似不大，但這應該可改變你衡量子女進展的標準。那些尚未在三十歲前安定下來的人，他們在父母眼中可能像是偷懶的人；但按照今天的標準，他們可能正處於正確的進度。

我們父母必須適應這個新的時間表。進入成年角色的延遲可能會變得更加普遍，因爲現在優質工作的教育要求是在增加而不是減少。人們在學校待的時間越長，他們就越可能延遲全職就業、經濟獨立、結婚和養兒育女。

使事情變得複雜的是，父母往往傾向於將成年孩子的「進展」與他們自己在成長過程中所遵循的時間表進行比較。此外，倘若你有多名子女，那麼要比較每個孩子在成年過程中所經歷的旅程並加以評斷可能會有困難，因爲即使他們在同一個家庭中長大，但他們的個性、才華和抱負可能有所不同。

對今天的父母來說，很難將那些還沒結婚、經濟依賴、職業或感情尚未安定下來的三十多歲子女視爲沒有問題，而不擔心他們的子女或自己可能做錯了什麼。這沒什麼好奇怪的，許多父母都想知道他們的孩子是陷入困境還是一切安好。在第七章，我將說明如何分辨其中的區別。

近年來的重大社會變革加劇了「成年常規時間表」的這些普遍變化。例如二〇〇八年的大衰退和 COVID-19 大流行之類的事件，給二、三十歲的人們帶來了相當大的經濟和工作壓力。由於住房成本上升，許多年輕人不得不搬回父母家或尋求經濟上的援助。父母被迫更深地介入成年子女的生活，而這並非他們當初所預料或想要的。

這一切的變化（在子女、父母、科學理解和社會方面），都要求父母對他們身爲「成年子女的父母」這個角色進行不同的思考。

父母的角色改變了

在許多方面，成功養育成年子女的主要因素與先前的那些階段相似：慷慨地表達愛和支持、參與孩子的生活而不侵擾他們、傾聽他們的觀點、尊重他們，以及當他們需要時陪伴其左右。

然而，了解你身爲父母的角色有怎樣的變化也很重要。子女在嬰兒和幼年時期，你提供他們照顧、營養、激勵和安全。在小學階段，你繼續做這些事，此外，你還提供結構和組織，以幫助孩子在學業上表現出色、交朋友、感到有能力和有自信，並發展同理心和道德觀。在青春期，你的角色轉向提供指導和建議，而不是積極式的管理，並幫助青少年的孩子發展責任感、自主性和道德判斷力的啓發。

倘若你在這些早期階段取得了成功，將有助於培養出有自信、富有同情心、成功又有道德感的年輕人。他們將對自己有很好的了解，具備在世上獨立生活的必要基本技能，擁有令人滿意的緊密友誼和家庭關係，以及與戀愛的伴侶建立強大關係的能力。

你已經幫助孩子實現了這些里程碑的大多數或全部，現在你的角色是協助他們將這些技能和能力轉化爲現實。如同我將說明的，這需要支持和參與，但其方式必須不會讓孩子感到其自主性受到壓制。

然而要做到這一點，你必須改變自己對於「父母」這個角色的期待，這些期待與孩子尚未成年的時候是截然不同的。

父母對成年子女的期待也該改變了

吉娜還是十多歲的少女時，每年的復活節都是在家裡跟父母及兩個妹妹一起度過。在大學三年級時的三月，吉娜打電話回家說她打算接受室友的邀請，在室友家一起過復活節。她向母親解釋，秋季學期她們在海外的期間，她有機會與室友的家人熟識起來。她漫不經心地說，她覺得今年做點不一樣的事會很有意思，畢竟過去二十年來的復活節都是和家人一起度過的。她的母親對此感到失望，並且表達了這種失望。這導致了一場激烈的爭執，最後母親生氣地掛斷她的電話。

幾週後，吉娜和她的母親比較能客觀地看待這件事了。她們一致同意，吉娜平常在家過復活節，但只要她提前告知父母，那麼偶爾可以例外。將來如果吉娜結婚，她的母親可能必須根據吉娜和她的配偶的安排，對復活節的聚會再進行調整。

雖然父母的期待可能不夠現實，但往往是可以理解的。通常，他們會抱持著一些不再合適的想法。五年前，孩子還住在家裡是合理的，但現在他們自己在外居住，這些事可能已不再可行。

孩子讀大學時，你可能每天都會接到他們的電話或簡訊，但孩子都二十四歲了，他們有全職的工作並且獨立生活，若還期待這樣頻繁的聯繫可能會讓他們感覺很不恰當。

若你三十歲之前還經常打電話給父母，你可能會認爲期待二十八歲的孩子每週日下午都打電話回家是很合理的。但如果你孩子的伴侶每個月只和父母通話兩次，並且不一定都是在固定的時間，那麼你對孩子的期待可能會造成一種侵擾，甚至令他們感到難爲情。

當然，父母和成年子女之間應該多久聯繫一次，這問題並沒有正確或錯誤的答案。但了解你和孩子可能是以不同的觀點來看這個問題，可以防止你因爲他們沒有像你期待的那樣經常打電話而認爲出了什麼問題。

父母的態度需一致

問問自己，你對與成年子女的關係有什麼期待。尤其重要的是，要弄清楚你和你的伴侶是否有類似的期待，這樣你的孩子才不會從父母那裡得到混淆的資訊。當孩子還是青少年時，你和你的伴侶可能意見一致，但現在可能、甚至非常可能，你們都各自發展出一套關於如何教養孩子的看法，而這些觀點可能不會完全一致。

霍華德和他的前妻莎曼珊在是否要補貼女兒的收入一事上存在著分歧，因爲他們的女兒已經完成學業，並搬到洛杉磯成爲一名編劇。艾莉莎在餐廳當服務生，下班後繼續寫作到凌晨。由於她的實際收入不足以承租獨立的住處，她必須與其他兩個女生合租一房一廳的公寓，但室友的朋友經常在晚上來訪，從分隔客廳和臥室的薄牆中很容易聽到他們的談話聲。

幾個月後，艾莉莎向她的父母提出是否可以幫助她租一間小套房，這樣她就有更多的空間和安靜的寫作時間。她的父母對這個提議有不同的反應。她的父親認爲，一旦艾莉莎完成學業，她就不應再依賴父母來支持她。她的母親則認爲，他們應該在艾莉莎賣出第一部劇本之前補貼她的收入。

在討論過後，他們決定在第一年幫助她，之後再評估情況。過去霍華德和莎曼珊對這樣的事情存在分歧時（例如艾莉莎上大學時該給她多少零用錢），他們通常都會妥協。這是他們離婚後保持友好的有效方法，也使艾莉莎無法利用他們之間的矛盾。共同呈現一致的態度使他們的生活更輕鬆，對艾莉莎來說也更容易接受，因爲她更有可能接受父母一起作出的決定而無怨言。

高度期待與降低期待

對成年子女抱持不合理的高度期待只會導致衝突，同樣的，故意降低期待也會產生衝突。

神經科學家將「期待」視爲一種預測，儘管我們通常不會這樣看待。舉例來說，你在生日那天早上醒來時，期待孩子稍後會打電話來，其實就是在「預測」這件事情會發生。

我們對一件事的預測是得到證實還是否定，會深刻影響我們對實際發生之事的看法和感受，而這種影響是與結果本身是否令我們滿意無關的。這是因爲我們大腦中負責產生和監控期待的部分，與評估這件事是令人滿意或失望的部分是分開獨立運作的，而大腦負責期待的區域最重視的是「準確性」。換句話說，我們對某件事的最終感受是其結果和期待的準確度的綜合體。

遇到不好的體驗時，我們會感到失望；但若它是我們早就預料到的，那麼失望的程度就不會那麼嚴重。同樣的，當我們預料會有糟糕的體驗，但最後卻是好的，我們也不會像早就預料到是好的體驗那樣的開心。準確的期待會增加好的體驗的享受，以及減少不好的體驗的失望。舉例來說，孩子請你吃飯而你也享受了愉快的一餐，如果你一開始就懷有積極的期待，那麼你會更享受這段時光，而不是對這個晚上到底會如何感到緊張。當然，令人愉快的驚喜感覺也是不錯，但這種感覺還不如積極的期待獲得了確認來得好。

因此，抱持不合理的高度或低度期待是沒有意義的。

成年子女對父母保持沉默的原因

成年子女會透露多少他們在人生中的關鍵轉變？關於這一點，父母通常必須調整他們的期待。尤其是那些期待子女成年後能分享更多事情的父母們可能會感到失望，這包括工作、婚姻或養兒育女方面的起伏波折。然而，子女向父母透露自己的事情比過去更少，這是非常有可能、同時也是很正常的事。

通常來說，孩子確實會對告訴你不好的消息感到不安。也許他們不想讓你知道他們被解僱、被人拋棄，或想將孩子轉出那家必須預繳半年學費的幼稚園。他們可能比較願意先跟面臨類似挑戰的同齡人討論這些話題。有時候，在經歷了不好的體驗後，我們更需要的是同理心，而不是預料中那些來自父母的安慰或建議。

你的孩子可能會因爲各種原因而猶豫是否要分享一些令人振奮的消息，比如驗孕測試呈陽性、工作上可能獲得升遷、或是遇到他們將來可能的另一半。他們或許會想等到懷孕進一步發展、晉升確定、或者跟對象持續交往幾個月後再告訴你。

孩子沉默的另一個原因是父母難以接受的：整體而言，孩子並不像我們那樣經常想到他們。

青年是一個非常繁忙的時期。孩子不太可能忘記告訴你他們訂了婚、遠赴他鄉找到新工作或找到了新公寓。但是他們可能連想都沒想到要告訴你，他們在工作中獲得優秀的考績、巧遇高中時的好友、或是計畫與同事在海邊租一棟小屋，即使你很想聽到所有這一切。

當你發現孩子已經向朋友、同事、兄弟姊妹、表親、甚至你的配偶分享了這些事情，唯獨你還蒙在鼓裡時，這種感覺會特別令人難受。對父母來說，發現自己在孩子的優先順序上排名如此之低是很難接受的——至少在分享他們生活方面的消息是如此。

如同青少年時期一樣，許多青年非常重視朋友之間的關係，其中包括彼此更新日常生活中重要（甚至是平凡）的變化。與其因爲你是「最後知道的人」而感到受傷，不如試著去爲孩子有其他可以依靠和傾訴的人而感到欣慰。這個人際網絡並不會減少你的重要性，並且你可能仍是第一個知道眞正重要之事的人。

你可能對於自己應該提供孩子多少建議或幫助（除了我會在第五章中討論的金錢援助之外）也有不正確的期待。在繼續談下去之前，我想將他們請求的幫助和你主動提供的幫助作出區分。

除非你和孩子彼此完全疏遠或住得很遠，否則他們很可能會在某些時候尋求你的幫助。比方說，你是擅長修理東西的技工，而當孩子的汽車需要小小的修理時，不論他們開口請你幫忙或是你主動提供幫助，這兩者都是合理的。如果你的孩子已爲人父母，他們偶爾請你照顧一下嬰兒也是合理的。但是，同樣的，如果你以爲他們會找你幫忙，而實際上卻沒有，這也是合理的（也許他們有非常專業的技工朋友）；同理，如果你因爲忙碌而無法在某個下午照顧他們的嬰兒，這也是可以接受的。

你可以很務實地期待，孩子只在眞正需要你的幫助時（當他們沒有你就無法完成某件重要的事情時）才會向你求助；不會帶給你過多的負擔（經常向你要那些他們自己就可以輕鬆處理的東西）；以及當你無法提供幫助時，他們也能理解其原因。同時，當孩子向你求助（或強烈暗示）時，你提供幫助是合理的；而當你無法提供幫助或是不合適時，你的拒絕也是合理的。避免產生不愉快的方法是，當你感受到不當的負擔時，要坦率地告訴你的孩子，並要求他們對你誠實，他們是否認爲你應該做得更多或更少。這麼做將減少你們其中一方認爲對方是自私或不體貼的可能性。

是否應該提供未經請求的幫助或建議，是一個更棘手的問題。大多數年輕人對自主權都有一種強烈和自然的需求，即使是你好心提供幫助或建議也可能與這種需求相衝突。你可能會驚訝地發現，孩子在這些情況下是多麼的敏感。這就是爲什麼等他們開口而不是主動提供幫助，通常是最好的做法的原因。

尊重子女的自主權

父母與成年子女之間大多數的分歧，源於他們對於「個體化」的持續需要——在關係中注入一些情感距離。儘管問題各不相同（金錢、居住安排、養兒育女等等），但這些衝突往往都源於子女對自主權的需求。了解這種需求的根源，並知道如何應對它所引發的挑戰，是你與子女維持良好關係的基礎。

孩子個體化是爲了向父母、他人、以及最重要的是向自己證明，他們是獨立的個體。隨著年齡增長，孩子會改變他們對自己、父母以及親子關係本身的看法。這些變化有一些是有意識的（通常不是刻意去意識到的），但大部分都是無意識的。儘管個體化似乎是「父母是孩子改變看法的被動對象」的過程，然而情況並非如此。事實上，父母在孩子的情感發展中扮演著重要的角色，無論是藉由透過接受這些改變，還是抗拒它們。

思考個體化時，幼兒期和青春期是我們首先會想到的兩個主要階段。三歲的孩子似乎總是對父母的要求大聲說「不！」（例如：「穿上外套再出去」、「把地板上的玩具收好免得絆倒別人」或「該洗澡了」），但他們其實是在表達：「我是有自己的意志的人。」

經常跟父母辯論的青少年（從政治和流行文化到晚上十點的宵禁），其實他們要表達的是：「我已經大到有自己的看法了。」

大約在三十歲左右也會發生類似且同樣重要的事。爲了對成年子女的個體化需求有一些全局的視角，回顧幼兒期和青春期初期的情況是有幫助的，因爲這些階段與三十歲左右發生的事之間存在著重要的相似之處。作爲成年子女的父母，你所做的事對這個過程是有幫助還是阻礙，這也是你必須學習的功課。

成年人的個體化過程與需求

雖然青年經歷的個體化過程與三歲或十三歲時發生的過程有許多的相似之處，但其中也有重要的區別。幼兒尋求個體化是爲了成爲獨立的個體，青少年是爲了成爲有自己的看法的人，青年則是想要自己處理人生的大小事而不再依靠父母。如同先前的那些階段一樣，三十歲左右的個體化目的是在向父母、整個世界，特別是向自己傳達一個訊息：「我已足夠成熟，可以獨立應對成年人的責任而不需要父母的幫助。」

了解這一點應該有助於你更好地理解孩子爲何偶爾會拒絕你的意見、幫助或支持——即使這樣的拒絕對你來說似乎是不合邏輯或是冒犯的。

當你溫和地提出建議說，孩子所選的客廳用色風格可能有點花哨時，孩子卻生氣了。「你以前都很欣賞我的品味啊。」你心裡想著。

當孩子聽到你提出的關於如何應付難搞同事的建議時，他們翻了白眼——即使你在職業生涯中已處理過幾十個類似的情況。「以前我跟你說我在工作上跟人發生不愉快是如何解決的，你都會說我搞定人很有一套。」你輕聲地嘀咕著。

「我眞搞不懂爲什麼不讓我幫你。如果我們一起組裝這個櫃子，會比你一個人做要容易得多。」你說道，只見對方瞪著你。

當然，所有這一切可能只表示孩子對室內設計的意見不再跟你的相同，他們認爲你的方法不再適用於當今的職場，或者他們喜歡獨自完成家具的組裝。

但很可能還有其他的事正在發生，也許是無意識的。在三十歲時，你的孩子可能仍對自己的品味、社交能力或木工技能有一些不確定，但讓你參與其中會加重他們的不安全感，而不是激發他們的信心。

當成年子女想要更多的獨立

這個時期發生有關自主權的衝突是很常見的，但衝突的強度會因家庭的不同而有所差異。文化背景是影響這些爭端的頻率和程度的其中一個因素。在西方社會，尤其是在美國，獨立於父母之外被視爲成熟的標誌，因此自主權受到高度的重視。儘管父母和青少年經常就年輕人該如何、以及在多大程度上展現他們的獨立性存在著分歧；然而一旦孩子成年，他們想要更多的獨立自主不僅是被容忍的，並且也是被期待的。事實上，美國的父母往往會因爲成年子女不夠獨立而感到擔憂。但在世界大多數的其他地方，青年被期待與父母保持非常緊密的聯繫。追求自主權被視爲不尊重的行爲。

這種世界觀的差異，往往會在父母剛從重視「相互依賴」而不是獨立性的國家移民到美國時發生挑戰，如同大多數亞洲和拉丁美洲的社會一樣。如果青年在美國長大，他們和他們的父母可能對彼此的期待有非常不同的想法。這些父母可能對成年子女不像他們當年跟自己的父母般親近，感到困擾和悲傷。他們將這種距離解釋爲不敬或忘恩負義，但事實上，這只是反映了他們和美國化的孩子對家庭關係的不同觀點。

同理，認爲「獨立」對於建立成年身分至關重要的年輕人，可能認爲他們的移民父母過於侵擾和操縱。相對於他們那些非移民家庭的朋友，他們認爲自己對父母更爲忠誠（他們可能確實是更爲忠誠），並且無法理解爲什麼他們的父母不承認及讚許這一點。

在新移民家庭中，不同世代的人會用不同的標準來評價他們的關係。這些父母會將孩子對待他們的方式，與他們當年對待自己父母的方式進行比較，並發現自己的孩子有所不足。這些年輕人則將他們對待父母的方式，與他們的朋友對待父母的方式進行比較，他們會認爲自己所做的一切已經超出了爲人子女應該如何對待父母的合理期待。

如果這聽起來像是你家的情況，請試著用非責難的方式來與孩子進行討論，而不要試圖讓孩子對他們的行爲感到內疚。你可以這樣說：「我知道在這個國家，孩子不被期望像當初你爸和我小時候被教導要如何對待父母一樣。但我們很難適應這一點。我想知道，我們是否能在兩個極端之間找到一個折衷點。」

明確地表明你的期待，但在描述你希望孩子怎樣做時要態度溫和。「我們非常在乎你。這就是爲什麼我們希望每天都能知道你的消息，確保一切都安好。雖然這可能超出了你那些朋友的父母的期待，但這會讓我們很開心。擁有關係緊密的家庭對我們來說很重要。」並且試著去理解孩子如何受到他們成長的文化背景的影響，即使這不是你認可的文化。

當父母希望成年子女能更獨立

在這光譜的另一端，是那些希望他們的成年子女能更獨立的父母。這往往發生在青年的自我懷疑而造成他們更依賴父母的時候。二十三歲的潔娜，大學畢業後搬到休斯頓。她原本習慣每週打幾通電話給芝加哥的父母來了解家中的情況，但在她和男朋友分手後不久，她開始幾乎天天打電話給父母。

起初，潔娜的父母以爲這是因爲她感到孤單，但隨著通話的持續，他們注意到她越來越常向他們詢問那些似乎是微不足道的事情。她傳給他們她考慮購買的碗盤圖片，並徵求他們的意見。她問他們，她是否應該更換手機方案。她的父母開始擔心她出了問題。隨著年齡的增長，潔娜並沒有變得更加自主，反而變得更加依賴。若這種動態持續的時間過長，就可能出現惡性循環——年輕人越依賴父母，他們的自信心就變得越不穩固，而這只會導致更嚴重的依賴。

這種模式持續了幾個月，她的母親丹妮爾和丈夫傑夫談起這個問題。

「我覺得這不正常，」丹妮爾在某天晚上喝茶時說道，這是在潔娜詢問他們該將客廳漆成什麼顏色的建議之後。「我們大多數的朋友都抱怨說，他們對自己孩子的生活知道得太少了。我知道這聽起來很無情，但我希望我們知道得少一點，而不是更多。到了潔娜這個年紀的人，不應該每個決定都依賴父母給他們建議。」

傑夫不同意。「我不知道，」他說：「難道我們不該支持她嗎？孩子需要幫助，你怎麼能拒絕呢？她剛跟凱馬龍分手，也許她無法問他才來問我們啊！」

「我不是說我們應該拒絕她，」丹妮爾回答：「我只是想知道事情是否沒那麼單純？她會不會退步了，在該變得更獨立時卻變得更依賴我們。」

如果你的孩子就是這種狀況，那麼你必須判斷他們的依賴是否由於暫時的處境或其他原因，例如憂鬱症或嚴重的焦慮，這兩者都可能導致人無法下決定。例如剛結束一段認眞的感情的人，可能已經習慣跟伴侶討論他們的決定。他們習慣與某個了解自己、重視其建議的人討論事情。此外，他們也可能在分手後失去一些朋友。因爲一些曾經和他們來往的人發現，今後很難繼續與他們保持朋友的關係。年輕人剛恢復單身時可能會感到有些茫然，並轉向由父母來塡補這個角色。

若你感覺孩子對你的依賴會隨著時間而減少，那麼你可能就不需要擔心了。當他們向你尋求建議時，要以一種能讓他們確信自己有能力掌握人生的方式來給予建議。你可以說「我很清楚，在結束一段認眞的感情後，你可能還不習慣自己獨自作出很多的決定」之類的話，但不要替他們作決定。相反的，你要問一些能引導他們作出自己的決定的問題。

潔娜的父親建議他們嘗試這種方法。他的妻子同意一試，但堅持認爲如果一個月後還是老樣子，就必須跟女兒攤開來談這種情況。

此後，每次潔娜打電話來尋求建議時，傑夫或丹妮爾（無論是誰接的電話）都會提出具體的問題，並強調潔娜自己的答案，無論他們是否同意這個答案。他們很正確地斷定，讓潔娜對自己作決定的能力感到自信，比他們提出自己的意見更爲重要。

一天晚上，當潔娜打電話問他們是否認爲她養一隻狗是個好主意時，丹妮爾便將問題交還給她。

「你覺得你有時間訓練牠嗎？」丹妮爾問。

「我在考慮養一隻長得比較大的、已經訓練好了的狗。」潔娜說。

「好主意。那麼運動呢？」丹妮爾問：「你的公寓那麼小。」

「我考慮過這一點。」潔娜回答說：「我做了一些研究，我已經把選擇範圍縮小到法國鬥牛犬和博美犬。根據我所讀的資料，這些品種非常適合住在公寓裡的人飼養。」

「聰明，」丹妮爾說：「看來你很有把握。」

「應該是吧！我花了很多時間上網查資料。我還打電話給朋友的表妹，她是獸醫，幫我了解不少東西。我只是想在最後決定之前聽聽你的意見。」

「寶貝，你知道嗎？在這方面，你知道的比我還多。我認爲你應該聽從自己的直覺。它們往往是正確的。」

在傑夫和丹妮爾堅持這種策略數週之後，潔娜尋求建議的頻率減少了。透過強化她的能力，他們幫助她建立了自信心。很快地，她開始打電話告訴他們她所作的決定，而不再是問他們的意見。

另一方面，如果孩子的依賴沒有明顯的原因，你可以問一些有著和你的孩子年齡相仿的朋友，看看他們的孩子是否也有類似的表現。你可能會發現，你的孩子對你的依賴並不是特例，就如同我所說的，這一代的年輕人比你們那一代人更習慣與父母討論日常事務。然而，如果你擔心這種依賴是因爲不安全感或是缺乏信心，並且你們的關係親近到可以進一步探討，那麼你就應該談論一下這個問題。如果你的孩子感到沮喪或過度焦慮，或許就應該考慮尋求諮商（參閱第三章「尋求幫助的重要性」一節）。

年輕人更常質疑父母的意見而不是尋求他們的意見，並且信任朋友的建議。如果有選擇的話，成年子女可能更喜歡坐在由自己選擇顏色和陳設的空間裡，即使他們知道在父母的指點下，這個空間可能會更加賞心悅目。他們更滿足於知道自己能在沒有你的指導下解決職場上的同事問題，即使他們的解決方案並不完美。就算櫥櫃有點高低不平，你的孩子也總是會把它視爲他們自己建造的東西。

你的孩子需要向你和他們自己展示，他們可以在沒有你的情況下裝潢住處、解決職場的問題、或者按照一套說明進行操作。現在，你的孩子知道他們有足夠的能力獨當一面。這是多麼棒的感覺啊！不要因爲你覺得受傷或你原本可以幫助他們防止一些錯誤而貶低這種成就感。更重要的是，不要讓你當下的感覺阻礙了他們的長期成長。

至關重要的是，你要避免將他們步入成年期的過程與你自己的過程進行比較。

別總是把「想當年」掛在嘴邊

與成年子女交談時，有一些措詞應該避免使用。也許最令人反感的就是「想當年」這句話。當然，你曾經和你的孩子一樣年輕，但你並沒有在他們成長的年代長大，這使得與他們的情況進行的任何比較都是似是而非的牽強附會。今天的二十歲、三十歲、甚至四十歲，都不同於你年輕時的情況，就像這些年齡對你和你的父母而言也是不一樣的。

「想當年」幾乎總是帶有貶低的意味，暗示著你的孩子在他們這個年紀所取得的成就遠不如你。別忘了，你當時已經結婚而不是單身；你住在有後院和四個房間的房子裡，而不是住在略帶有風險的社區裡的無電梯兩房一廳公寓或小時候的房間；你養育著一群快樂的孩子，而不是膝下無子；你已爬到事業高度的上半段，而不是在第二階；你已擁有可觀的儲蓄，而不是靠著每月的薪水度日；你已在經濟上獨立，而不是偶爾還必須向父母借錢。

對年輕人說「想當年」，就如同對四歲的小孩說「閉嘴」，對八歲的孩子說「小孩沒有說話的餘地」，對十二歲的孩子說「長大你就知道」，或是對十六歲的孩子說「若我想聽你的意見，我會說的」。這些措詞都是具侮辱性又不尊重人的。若想要成年的孩子尊重你，你就必須尊重他們。

你的孩子所處的世代與你的世代之間最大的外部差異，主要是在工作領域的變化和住房成本上。勞動力以無數種方式不斷地轉變，而這是三十年前誰也無法預料到的。現在就業市場上競爭所需要的教育程度也比上一代人要高得多。舊的工作消失了，甚至有些新的工作是以前無法想像的，眨眼之間就忽然冒了出來。換句話說，人們的技能會過時，要求他們獲取新技能的壓力也會加劇。甚至在COVID-19大流行之前，家和工作之間的界限就已經逐漸在消失。早上迎來的是一夜之間湧入的大量工作郵件，若想要成功的話，就必須願意在任何時候工作，包括週末。

接著是住房的問題。現在購房成本上升的速度遠遠超過了通貨膨脹率。僅在過去的十年中，美國的房屋成本中位數已上漲約30%，平均工資卻僅上漲了10%。在過去的五十年中，即使將通貨膨脹納入考量，房屋平均價格上漲的速度仍是平均工資的五倍。那麼，許多年輕夫婦需要父母的幫助來支付頭期款，這有什麼好大驚小怪的呢？

正如我們在本章開頭所看到的，整個青年期的時間表已發生根本的變化。在上個世代，預期三十歲的人應該已經結婚並展開家庭生活是合理的。然而，至少對於那些受大學教育的人（更甭說那些在大學之後繼續進修的人），這種期待現在已經不符合現實了。

如果你仍無法擺脫「想當年」的心態，那麼在進行比較之前，請將你的年齡至少減去五歲。也就是說，如果你的孩子是三十五歲，請將他們現在的生活狀況與你三十歲時進行比較，因爲現在過渡到成年的時間會比上一代人晚了五年。

最後，你可能會用「想當年」來表示，當你在他們這個年紀時，你並沒有像他們一樣有成就。

2

日常關係

說，還是不說

那些爲人父母的人最常問我的一個問題是：「我何時該閉口不言，何時又該表示意見？」如果你是成年子女的父母，你可能經常忍住不發一語。你可能每次都想知道你是該保持沉默，還是該表示意見。

父母對於多久、以及在什麼情況下發表意見持有不同的觀點。他們在決定發表意見時，其表達方式也存在著差異。我聽過一些父母描述兩種極端的觀點，而這兩種觀點都是有問題的。

有一種觀點認爲，父母應該總是保持沉默。根據這種觀點，發表意見等於自找麻煩，因爲他們雖然是你的孩子，但他們是成年人，有權以他們喜歡的方式生活。這種做法在理論上聽起來沒問題，但在實踐中並不合理。畢竟，你也有一些成年的親密朋友，而當你擔心他們或許會犯下嚴重的錯誤時，你可能會坦率地告訴他們。什麼樣的人會在朋友犯下可怕的決定時袖手旁觀呢？按照同樣的邏輯，爲什麼你不該給自己的孩子你的眞實意見呢？即使你認爲支持孩子的自主權很重要，但無疑地在一些情況中，你爲了他們好而提出合理的擔憂是至關重要的。

如果你擔心他們會因爲你的發言而生氣，那麼可以問自己三個問題：

- 你們的關係是否如此脆弱，以至於你們無法公開對任何造成重大後果的事情持有不同意見？
- 發表意見的好處是否大於保持沉默的代價？
- 對自己的孩子處處小心翼翼是否會影響你自己的心理健康？就算你發表意見而孩子不聽你的建議，也會比你保持沉默而覺得自己被誤解的狀況感覺更好。

你可能聽說過某些父母因一些無害的評論而被成年子女拒之門外的故事。但根據嚴謹的研究，這種永久性的疏遠是非常罕見的。而且我懷疑，這種過度的反應是否因爲言語的誤會所引起。如果是的話，那麼可能發生了其他未被承認的事（例如長期壓抑的憤恨），你應該和孩子討論一下（參閱本章「處理自己的不愉快情緒」一節）。

另一個極端的觀點認爲，當你與孩子有歧見的時候，你總是應該告訴他們。這種立場背後的邏輯是，你身爲父母不僅有權表達你的意見，而且你有義務這樣做，因爲你的角色之一就是保護孩子免於受到傷害——這是你一直以來的做法，現在也沒有理由改變。

你知道孩子有權按照他們的意願生活並犯錯，但你也知道你比他們年長、更有智慧和經驗。當你確信（或相當確信）孩子會後悔他們的決定時，你怎能不發一語？

問題是，隨意說出你的想法來與年輕人對自主權的需要直接衝撞，往往會使你的孩子產生防衛性反應，甚至可能會讓他們想要保持距離。

雖然你可能眞心爲了孩子好而發表意見，但他們並非總是這樣看待的。成年子女通常仍在試圖證明自己是有能力、完全能勝任的成年人——即使在很多方面他們可能已經達到這一水準。無論父母有多麼立意良善（也無論父母認爲自己的善意有多明顯），批評往往會觸發子女的自我懷疑、不足感或尷尬。

這些令人不適的感覺可能會讓孩子感到憤怒——不是因爲你的批評，而是因爲他們做了你批評的事。但由於我們在任何年齡段都不喜歡對自己生氣，因此我們通常會把這種憤怒轉移到最方便的目標上。而且因爲你的話語引發了這整個過程，所以這個目標很可能是你。你的孩子甚至可能不明白這一點。他們可能對自己、伴侶或朋友說：「我不知道爲什麼我的爸媽會給我這種感覺，但他們就是這樣子。」

我知道這種解釋並不能給予多少安慰。即使你知道孩子在想什麼，當你的所言所行都是出自眞心的關懷卻被孩子視爲不體貼和侵擾時，你自然也會感到受傷。

告訴你的孩子「我只是想幫忙」，偶爾可能可以化解一些問題（如果孩子的傷口不深，或者他們特別有安全感）；但如果你說得太多，那麼這句話將會毫無效果。這就是爲什麼隨意發表意見對你、孩子和你們的關係都有害的原因。

這兩個極端的立場都存在著缺陷，因爲它們遵循一套固定的規則。盲目地遵循一套信條當然很容易，因爲這樣可以省去你眞正思考如何應對每一個情況的麻煩。但作爲父母，你的目標不應該是簡化事情。接受你必須對「是否應該忍住不說」作出艱難而謹慎的決定。當孩子還小的時候，成爲好父母就是一項艱鉅的任務，而現在依然如是。

發聲的原則

當你試圖在那些危險的極端之間尋找平衡時，讓這個原則指引你：在必要時發聲；但除非你的孩子明確地提出請求，否則不要發表意見。

事實上，讓他們犯一個不會造成嚴重後果的錯誤比你的正確更重要。如果你始終遵循這一原則，你可能會發現隨著時間的推移，你的孩子會越來越頻繁地請教你的意見。

在決定是否「必要」發聲時，有三件事要考慮：

首先，你的孩子是否即將做出可能造成他們沒有考慮到的有害且可能造成長期後果的事？沒錯，子女（甚至是成年子女）可以從錯誤中學習而受益，但並非所有的錯誤都是良性的，有些教訓必須付出高昂的代價。例如與有家庭暴力史的人結婚是危險的；將買房的頭期款投資在「穩賺不賠」的投機項目可不是好主意；在沒有充足的積蓄或新工作的情況下，衝動地辭職是不明智的。如果你有合理的理由感到非常擔心，就請說出來，但你的解釋不要像是在說教，或是暗示你的孩子愚蠢或太年輕不懂事。「我知道你中意的那家幼稚園很方便，但你的描述令我感到擔心。他們不應該給三歲的孩子『家庭作業』，因為專家表示在這個年齡段，孩子最好透過遊戲來學習。」

其次，要認識到你們的分歧可能是意見上的而不是實質上的。你認為孩子應該租下他們正在考慮的兩間公寓中更寬敞的那一間，而他們想要的是擁有更多設施的那一間。你的孩子和其伴侶對於養育子女的方法，可能跟你和你的配偶不同。事實上，關於養育建議方面的趨勢，就像鞋子、食物和家具的趨勢一樣，會隨著時代而改變（參閱第八章「如何給成年子女養兒育女的建議」一節）。在你早年為人父母時被認為是「正確」的養育方式，現在可能已經不再流行或不再為兒科醫師所推薦。（這幾十年來有關家庭關係的研究，包括我自己的研究皆顯示，在養育實踐方面的微小差異，可能並不像他們的支持者所堅持的那樣重要。）只在真正重要的問題上發表意見，如此一來，當你發聲時，孩子才會更認真地聽你說。他們不會總是聽從你的建議，但他們會更有可能考慮它。

第三，問問自己，你是否在自己專業領域的某件事上發表異議。如果你是建築承包商，你可能比孩子更了解在參觀待售屋時要注意什麼；如果你是室內設計師，你可能知道哪裡可以找到沙發或爐具的最優價格；如果你是小學教師，你可能對教孩子閱讀有很多的了解。如果你在給予或保留建議之間猶豫不決，我會傾向於在你的專業知識可以幫助阻止一次災難性的購屋、爲孩子省下一筆錢、幫助你的孫子發展重要的技能、或是以其他重要方式促進孩子的福祉時予以發聲。

在表達對一些重要事情的意見之前，想一想最好的表達方式。試著避免命令式的表達（「關於設計，你的眼光一直都很差」）；可能被解釋爲侮辱性的言論（「別把錢浪費在那上面」）；可能會加劇孩子和他們的伴侶之間衝突的評論（「我知道你們倆的意見不同，但在這一點上，你是對的」）；抑或用災難性的用語來概括問題（「不騙你，這樣做你會後悔的」）。

更好的方法是以提問的形式來表達你的意見，以幫助孩子更嚴謹地思考問題（「我知道你喜歡這輛車，但你有沒有想過，現在貸款買一輛昂貴的車子，可能會讓你對金錢感到不安？」），或者作爲獲取新知的請求（「我對感應式爐具了解不多，只知道它們貴得嚇人。你能告訴我爲什麼人們認爲它們比瓦斯爐好嗎？」）。溫和地鼓勵你的孩子思考或說明他們的理由，可能會改變他們的意見或是你的意見，而這兩者都能在不傷害任何人的感情下緩和任何的爭議。

無論你處理的方式爲何，如果你的孩子作出不良後果的決定，而你卻默不吭聲，那就別說你「早知道」他們作的是不好的決定，只是你不想點破而已。你的孩子可能會納悶、甚至可能會問，爲什麼你當初不早說呢？（我懂，我懂，有時候你眞的說不過他們。）如果你說出自己的看法，但孩子不理會你的建議而對結果後悔了，也不要提起你曾警告過他們。如果你的建議被證明是正確的，而你的孩子因爲忽視它而陷入困境，那麼如果可以的話，就幫助他們解決問題或是幫助他們脫離苦海，但不要提及他們的痛處，因爲沒有人喜歡聽「我早就告訴你了」這句話，尤其是從父母那裡。

如果你總是在孩子開口之前就迅速提供協助或支持，那麼現在等待他們主動開口可能會感覺不太自然。但保持沉默也是一種幫助，因爲你正在促進他們的自主性和獨立性，而這正是他們在這個年齡段所需要的。

然而，你可能會對自己沒那麼積極提供支持而感到焦慮。孩子會不會覺得你不關心他們了？但如果你在他們的童年和青少年時期一直都保護著他們，那麼我很懷疑他們會認爲你突然不再關心他們了。坦白說，他們可能知道你在做什麼，即使他們可能不了解這對你來說有多困難。但如果他們需要你的建議，他們會開口的。

忍住不說話而感到內疚或惱怒，只是這個養育階段可能引起的諸多不舒服情緒中的兩種。不舒服的感覺並不一定代表你做錯了什麼。很多時候，它們只是一種信號，表示你正在以不同的方式行事。陌生的行爲可能會讓人感到不舒服。這個挑戰在於找出最好地緩解你的不安的方法。

處理自己的不愉快情緒

即使你的孩子現在已經成年，也不意味著他們有時不會讓你煩惱或讓你失望。你花了很多時間找到一份完美的禮物送給他們，但他們似乎不珍惜你的努力。你覺得他們只在需要你的時候才打電話給你。他們知道你和醫生有約，但他們忘了問你進展如何。他們升職了，但你是在孩子朋友的父母打電話來祝賀時才得知的。

偶爾你會感到被忽視、被視為理所當然、被忽略或被虐待。這些情緒是可以理解的，你不應該因為有這些情緒而感到糟糕。問題在於如何最好地處理它們。你是將它們抹去並試圖忘記它們嗎？是在腦海中思考一會兒，直到它們不再困擾你嗎？對它們冥思苦想一段時間？和你的伴侶或朋友討論？還是告訴孩子你的感受？

答案取決於三件事：你的特質、被冒犯的嚴重程度，以及最重要的，這種事情發生的頻率。

我們有一些人天生更傾向於反覆回想那些讓我們感到煩惱的事。我們在腦海中重播那些事件，想像如果事情不是這樣該有多好。如果看到孩子打開你的禮物時的表情，或者幾天前你得知孩子升遷的消息而告訴朋友你的驕傲，那會是多麼美好的事！有時候我們就是無法阻止自己反覆回想事情。然而研究發現，反覆回想往往會讓我們感覺更糟，而不是更好，所以如果你能避免或限制這種舉動，你的心理健康將會對你感恩戴德。試著靜心或是改變你的注意力，而不是反覆回想。

與伴侶或朋友討論困擾之事的影響，取決於該對話是否幫助你以較少的負面方式思考它，還是演變成心理學家所謂的「共同反芻」（co-rumination）——你將自己的煩惱表達出來，而聽者感同身受。這也是心理研究的主題之一，而結果表明，有時共同反芻對你的健康比獨自反覆回想更爲糟糕（對共同反芻者來說也不太好）。確實，人逢患難愛找伴，正所謂同病相憐，但通常在同伴離開後，我們會感覺更痛苦。因此如果你想找人討論這件事，就選擇一個不會讓你對這件事感到那麼煩惱的人、一個擅長幫助你更客觀地看待事情的人。你可能已經知道自己的核心圈子中，誰擅長於此道。

其他人的性格則更傾向於相反的做法——不去多想這件事，或是說服自己反應過度了。這些策略的成本和收益，有一部分是取決於你是否接受這種感覺並繼續前進（這是好的），還是你拒絕這種感覺（這是不好的）。拒絕接受不愉快的感覺會耗費相當大的情感能量，而這樣做太多次可能會令人筋疲力竭。承認這種感覺、理解其起源，並找出未來避免這種感覺的可能方法會好得多。也許你的反應是由於不合理的高度期待造成的，如果是這樣，那麼你可以降低這些期待（參閱第一章「父母對成年子女的期待也該改變了」〉一節）。

最難決定的是，是否要告訴你的孩子這件事。而考慮這件事的嚴重性和發生頻率是最重要的。如果他們忘記打電話問你今天看診的情況，你應該寬容一些，或者說「我不確定有沒有告訴過你，但我今天已經看了心臟科醫師，一切都很好」之類的話。如果他們忘了詢問更重要的療程結果，你可以理直氣壯地說：「我很驚訝你竟然沒打電話來關心我的血管擴張手術情況，我已經告訴過你我必須住院，不是嗎？」

至於發生的頻率，若同樣的不體貼行爲經常發生，那麼說出來是很明智的。但沒有一個神奇的數字能定義多少次才叫「經常」，不過，在你開始感到怨恨之前說出來是很重要的。一旦怨恨的感覺出現，你可能會停止做那些你認爲理所當然的事，或是降低你的期待而導致你與子女的關係不再那麼親近。這裡的危險在於惡性循環，你會與孩子日漸疏遠。你可以長話短說地告訴他們：「我覺得有點不被感激和忽視，我爲你們做的事好像都被視爲理所當然。雖然我不是一直都有這種感覺，但這種感受已經多到我必須告訴你們這件事」，來中斷這個循環。

他們可能會感到驚訝並向你道歉。如果他們要求你列舉所有讓你失望的事，你可以說：「我沒記下這些事，但請接受我必須告訴你們這件事的感覺。」

你可以藉由問他們是否對你也有類似的感覺——認爲你不感激他們做的事、誤解你說的話，或是在他們認爲自己應該參與的事情中沒有包括他們——來結束這個對話。你希望他們坦白地告訴你，而不是壓抑他們的感受。

我們都有偶爾會影響到我們的關係的習性。你現在已經知道，有些事情會踩到孩子的地雷，你可能已經試圖避免觸碰它們。但也許你還沒有花足夠的時間思考你自己的地雷，以及孩子在不知情的情況下觸碰它們的方式。

我們往往會將他人的過度反應歸咎於他們的天生缺陷，同時認爲自己的強烈情緒是完全合理的。我們經常會將他人的行爲歸咎於他們的個性，而將自己的行爲解釋爲我們的處境不可避免的結果。這是人天生的傾向。

像其他人一樣，你也有自己的問題。你可能無法擺脫它們，但意識到那些不由自主地令你惱火的事情，將有助於你與孩子（以及其他人）建立更好的關係。

無論你如何稱呼它們（無法忍受的事、引爆點、痛處、神經過敏），但每個人身上都有。我們並非總是能意識到它們，但對於那些了解我們的人來說，它們往往是顯而易見的。

當別人指出它們時，有時我們會羞怯地承認它們，有時我們會心不甘情不願地承認，有時我們會予以辯解，有時我們會直接否認它們（諷刺的是，拒絕承認自己的缺點是一種相當普遍的缺點）。

我們有些人對批評非常敏感，而其他人則愛吹毛求疵（它們通常是形影不離的）；我們有些人看起來相當多疑，而其他人則忠厚老實。有些人對雜亂感到不堪忍受，而其他人則奇怪地不為所動；有些人節儉，但其他人卻揮霍無度。有些人容易受傷；有些人事情過了還一直心懷怨恨。有些人犯錯時不道歉，而其他人則要求得到比必要更多的道歉；有些人無法忍受爭辯，而其他人則對人們不願與他們辯論感到惱怒。

這些特質有許多是如此地普遍，於是心理學家創造一些術語來描述它們。很多人容易產生「負向情感」（negative affectivity），亦即更容易體驗不愉快的情緒，例如悲傷、憤怒或焦慮。我們有些人具有較高的「拒絕敏感度」（rejection sensitivity），亦即容易尋找及找到其他人不喜歡我們的跡象。

我認為試圖理解這些痛點的起源並不是很有價值，也沒有太多證據表明弄清楚它們的根本原因能使它們消失。然而，意識到什麼會輕易地激發這些直覺反應是很重要的。

任何兩個人之間的互動結果，往往是雙方帶入情況中那些未說出口的（有時是潛意識的）期待、偏見和習慣的產物。經過一些深入的內省，你可能會發現你和孩子之間的問題，其主要原因與「你的」問題有關，而這會影響你對孩子行爲的解讀。

在跳到你的孩子傷害了你的結論之前，先停下來檢查一下你自己的情感包袱。問問自己，你是否過於敏感或過度防衛。有時候，這些傷口是自己造成的。別忘了，一個巴掌是拍不響的。這就是爲什麼學會如何以解決問題的方式來消除衝突（而不是加劇問題），是如此重要的原因。

建設性地解決紛爭

大家都了解衝突的負向方面，但我們往往忽略了其中的正面效應。衝突促使我們表達情感，而不是壓抑它們。它驚醒了我們的被動性，迫使我們思考我們認爲理所當然的事情，改變我們的方式，解決我們的問題。避免衝突的生活將我們侷限於膚淺的關係和心理停滯中。

你可能與你的青少年子女有很多分歧。父母與子女之間的爭執在青春期後會達到高峰。雖然這些衝突的頻率和強度可能會隨著時間的推移而降低，但它們不會消失。即使在解決了一些問題之後，當你發現你們在以前從未需要處理的事情上意見不一致時，新的問題也會出現。到目前爲止，你和孩子從未在如何最好地籌措購房款、在你的家庭和他們伴侶的家庭之間分配假期時間、或是如何撫養孩子等問題上發生過爭執。

父母與成年子女之間的衝突可能有幾個原因：當你們其中一個人覺得另一個人威脅到他們的價值觀、觀念、生活方式、公平感或「領土」時；當你和他們在最終目標上有共識，但在如何達到目標上存在分歧時；當某些東西不夠用時（這「某些東西」可能是有形的，如金錢或空間；也可能是無形的，如時間、關注或情感）；以及當你們之間的溝通已經中斷時。

當衝突處理得當時，它可以改善所有這些情況。它可以透過幫助人們更好地理解彼此來激勵一個關係，引導他們以減少緊張的方式澄清問題，並迫使他們設定更加令所有人滿意的新目標。然而，當衝突採取個人攻擊和權力鬥爭的形式時，它可能會損害關係。負面的衝突導致了怨恨和敵意，導致困惑、不安全感和自尊心降低，並且使未來有關問題和行爲的生產性、理性的討論變得困難，甚至不可能。當你和你的孩子處於對立狀態時，沒有人是贏家。

解決衝突的具體方法

父母和孩子解決衝突的四種最常見方法是：堅持立場、讓步、迴避問題和折衷。雖然每種策略都有其功用，但也都有缺點。我們來看看這些常見的方法在以下情景中的運作方式，這種情況通常發生在一對夫婦必須想辦法在兩個家庭之間分配假期的時候。

在結婚之前，傑伊和麥可每年感恩節都與他們自己的大家庭（包括爺爺奶奶、伯父叔父和姑姑嬸嬸、堂兄弟姊妹等）一起度過。即使訂婚後，他們仍然各自分開度過假期，且通常是在慶祝活動之後的週末聚在一起。傑伊和麥可住在芝加哥，他們的家人分別住在密爾瓦基和麥迪遜。每個家庭的住所都無法容納所有人的大家庭過夜。

十月底，傑伊和他的母親就他和麥可這對已婚夫婦要在哪裡度過第一個感恩節發生了激烈的爭吵。傑伊的母親堅持要他跟他們一起度過感恩節，她說她將準備傑伊從小以來每年都會有的傳統聚餐。她說歡迎麥可加入他們，但他們的家族不會因爲兒子結了婚就中斷三十年來的傳統。以下是幾種可能發展的情況：

- **堅持立場**：傑伊的母親拒絕考慮任何替代方案。傑伊說她固執又不體諒人，而且不肯退讓，這令他火冒三丈。
- **讓步**：傑伊告訴麥可，除了讓步，他沒有其他的辦法。麥可告訴傑伊，他將陪同他到他的父母家，並向自己的父母解釋今年發生的衝突，但他和傑伊明年都必須找到更好的解決之道。他們最終勉強去了傑伊的父母家，但桌邊的每個人都知道發生了什麼事，氣氛搞得很尷尬又令人不自在。而今年麥可家的感恩節少了麥可，對他的家人來說也不是愉快的事。每個人都擔心未來的假期是否會出現問題，這兩個家庭之間現在已經產生了摩擦。
- **迴避問題**：傑伊告訴麥可，他們應該避開這種情況。他們將會自己度過一個寧靜、浪漫的第一個感恩節。然而他們思考這一點時，他們意識到這也只是在拖延那不可避免的事。遲早，他們將不得不提出一個可行的解決方案。他們每個人都心知肚明，迴避只是讓問題暫時消失，但並沒有解決任何問題。

- **折衷**：「我有個主意，」麥可說道：「我們舉辦兩場感恩節聚會。」他告訴傑伊。「我們中午和你的家人吃午餐，晚上和我的家人吃晚餐；或者反過來，看哪個比較方便。」

「你知道會發生什麼事，」傑伊說：「我們的父母會爲誰家主辦午餐或晚餐而大發牢騷。他們雙方都會感到委屈，因爲我們停留的時間被縮短了。而你和我將在車上長途跋涉七個小時，並且因爲吃了火雞肉和喝了酒而在高速公路上睡著。」

由於從小到大的耳濡目染，使我們大多數人都以爲折衷是解決衝突的最佳方法，但事實並非總是如此。有人說，折衷只是在確保沒有人對解決方案完全滿意。

那麼還有第五種方法，它通常比上述任何一種方法都來得有效：共同解決問題。共同解決問題的目標，就是找到讓所有人都感到滿意的解決方案，這在商業活動中很常見。雖然它比我之前描述的其他方法需要更多的時間和精力，但它通常可以將敵意和情感上的傷害降到最低，並讓眞正解決問題的機率最大化。它要求各方共同努力來找到每個人都可以接受的解決方案。每個人都同意尊重對方（不出言侮辱、諷刺或貶低），並聆聽對方的觀點。他們一起進行腦力激盪，列出可能的解決方案而且不批評它們。然後，大家眞誠地來討論每個解決方案的利弊。

以下是傑伊和他母親成功解決問題的過程：

傑伊建議他們一起努力找到解決問題的辦法。爲了表示善意，傑伊開車到母親在密爾瓦基的家，她則做了傑伊最愛吃的甜餅。在熱呼呼的甜餅和幾杯茶的陪伴下，他們了解到：至少就目前來說，最好的解決方案是今年舉辦兩場感恩節聚會，一場在星期四，一場在星期五。以後則由兩家輪流舉辦。兩家都有一間客房，麥可和傑伊可以在那裡過夜，這樣他們就不必一天當中開那麼久的車。他們回到芝加哥的家後，可以在星期六晚上外出享用一頓私密而浪漫的晚餐。

「好吧，」傑伊的母親說：「但第一年誰家有資格舉辦『眞正的』感恩節？」

「你是在開玩笑吧？」傑伊問道。

「當然，」她半認眞地說：「但這個解決方案是我幫忙想出來的，所以第一年應該由我們家來辦才公平！」

與成年子女偶爾意見不合是難免的，與伴侶在如何教養子女方面產生歧見也是如此。

與伴侶的意見不一致時

成功地共同養育成年子女的基本要素，基本上與養育年幼的子女時相同：提供伴侶支持、關心和協助。而其主要的困難來源也是相同的：處理那些關於如何回應彼此都擔心的問題的不同意見。當然，這些問題本身也是隨著時間而變化的。

在孩子成年之前，你們不必討論是否要分享你對他們選擇未來配偶的看法，要給予他們多少經濟援助，或是否要對他們養育孩子的方式表示擔憂。隨著意外的問題出現，你很可能會發現，你們對於如何處理這些問題有不同的看法。

孩子成年的轉變，也可能改變你們個人及共同與孩子之間的關係的動態。你可能會發現，就像大多數的夫妻一樣，孩子不同階段的發展會使你們在涉入孩子之事的程度上和方式上有所不同。例如你們其中一人喜歡在返校之夜時看到孩子及其同學展示的幼稚園畫作，另一人則不得不陪笑；一人很興奮地擔任孩子的足球隊教練，另一人則對此毫無興趣；一人教導青少年開車，另一人則光是想到這件事就覺得可怕。

隨著孩子步入成年，你參與孩子生活的機會將有所不同，其中一些活動自然會吸引你或你的伴侶多一些，反之亦然。對成年子女的興趣感興趣是件好事，若你們其中一人比另一人更傾向於參與，那也是可以接受的。但要盡量避免將這些差異視爲孩子更喜歡哪個父母的表現。希望他們是因爲你們過去到現在的表現而尊重和愛你們每一個人，而不是因爲你們其中一人在他們人生某階段的活動中更擅長或更感興趣。

三人的關係往往會有令人不舒服的動態。你會經歷一段時間，覺得自己是局外人。在孩子和你的伴侶興奮地討論一些你興趣缺缺或所知甚少的話題時，你會發現他們早已在你的背後討論過你。但未來，就像過去一樣，同盟關係也有逆轉的時候，你會成爲那位更參與孩子活動的父母，而你的伴侶會覺得自己被排擠了。

與其遺憾自己是來錯地方的闖入者，不如退後一步，欣賞你的伴侶和孩子因共同的興趣而建立起來的連結。你個人與孩子之間的關係並不是一種零和遊戲。只要你能遏止嫉妒和排斥的情緒，你就會發現，你的伴侶和孩子之間的緊密連結可以加強（而不是削弱）你與孩子的關係。一個安心的父母看到自己的伴侶和孩子一起度過特別的時光會感到開心，而不是嫉妒。如果看到孩子和你的伴侶有說有笑會令你不開心，那麼你只能怪自己而不是你的伴侶。

當父母在如何對待孩子的看法上有分歧時，經常出現的一個問題是，你們是否要統一立場。孩子越大，這就越不重要。在他們尚未進入青春期前，你們表現出一致的立場是有道理的，否則年幼的孩子可能會感到困惑和不安。但是當孩子成爲青少年，他們知道親密的人有意見上的分歧是常有的事，因爲進入青春期後，我們就已具備理解一個問題往往可以有多個合理觀點的認知能力。

事實上，對成年子女展現一致的立場也沒什麼意義，因爲他們現在已經知道，在某些問題上，你們誰通常比較好說話、誰更可能堅持立場，所以孩子很容易就能看穿任何虛僞的和諧表象。說「你爸和我在這個問題上的看法不一樣，但我們決定這次最好聽我的直覺」是沒有問題的。

二婚或三婚中出現的夫妻看法分歧更加棘手，因為許多關於養育子女的看法是在他們成為繼父或繼母之前就確立的。對孩子的親生父母來說可能看似完全合理的方法，對繼父或繼母來說可能令人擔憂，甚至無法接受。正如你所料，其中一位父母可能對孩子非常縱容或極為嚴苛，而另一位則是相反。

這就是彼得和瑪麗亞所處的情況。他們五十多歲時在聖地牙哥相識，雙方都結過婚，也有自己的孩子。瑪麗亞的兩個女兒都二十出頭，正在外地上大學；彼得的兒子和女兒已經大學畢業，目前在遠地生活。

約會一年多後，彼得和瑪麗亞決定結婚，並賣掉各自的房子將資金合併，一起買新的房子。搬進新居後不久，瑪麗亞、彼得和瑪麗亞的女兒們一起去亞利桑那州拜訪瑪麗亞的姊姊和姊夫，進行為期一週的旅行。這是彼得首次與瑪麗亞的家人進行長時間的訪問。

他們到達的第一晚，瑪麗亞的姊姊為他們六個人做了晚餐。大家都吃完後，兩位年輕的女士坐在桌邊，彼此低聲交談，甚至連自己的盤子都沒有清理，更甭說幫忙洗碗盤了。彼得告訴瑪麗亞的姊姊和姊夫，讓他和瑪麗亞來收拾桌子和洗碗盤，希望藉此驅使他的繼女們來幫忙，但卻無濟於事。儘管他很生氣，但他不想把場面搞僵。晚上睡覺時，彼得的怒氣還沒消。「她們像公主一樣，」他抱怨道：「這樣不行，你明天早上得唸她們幾句。這太丟人現眼了，她們應該道歉。」

「我覺得這沒什麼，」瑪麗亞打了個哈欠回答道：「她們一直都是這樣。只要她們顧好學業、不惹麻煩，我就很滿意了。」

爲了避免爭吵，彼得想說這件事就算了。他躺在床上說服自己，也許她們越來越成熟就會變得更懂事。

然而，隨著時間的推移，女兒們的晚餐禮儀並沒有任何改變。每當他們四人一起參加家庭聚會時，這些已經二十多歲的女孩仍像小孩子一樣不懂事。想到她們都長那麼大了，彼得對她們的行爲更看不下去。

有一天晚上，在和彼得的家人一起用完假日的晚餐後，這兩位年輕的女士依然表現出她們的老樣子。彼得再次向他的妻子表達了他的不爽，但瑪麗亞說這是她或任何人都無能爲力的事。

彼得不想爭吵。當他逐漸入睡時，他接受了瑪麗亞可能是對的——試圖教導他的繼女做人的禮貌可能也沒什麼用。他還得出結論，這並不是他的責任，繼續對這件事生氣只會傷害到他和瑪麗亞的婚姻。儘管繼女不懂事的行爲仍令他感到不悅，但他再也沒有跟瑪麗亞提起這件事。

無論你是第一次、第二次或第三次結婚，重要的是在共同養育子女時，別忘了你們是伴侶。管理你們的關係和管理你們與孩子的關係是同樣重要的。在大多數情況下，當你和伴侶對成年子女的行爲有不同的意見時，請試著遵循之前提到的三種策略之一：折衷；讓最有相關經驗的人去決定最好的做法；或是進行友好的討論，接受其中一人的方案，並同意允許異議的存在。

3

心理健康

孩子的內在脆弱和外在壓力

大多數嚴重的心理健康問題會在十歲至二十五歲之間第一次出現，其中包括憂鬱症、焦慮症、藥癮、飲食失調、行爲規範障礙，以及思覺失調症和躁鬱症等精神疾患。一些通常在青春期之前出現的疾病，如自閉症（ASD）或注意力不足過動症（ADHD），往往會持續到青年期。

成年人出現心理健康的問題是很常見的，美國每年都有四分之一的成年人口罹患可診斷的心理疾病；但在所有的發展階段中，青少年期和青年期則是最容易出現心理健康問題的。根據COVID-19大流行（此期間各年齡段的心理問題發生率明顯增加）之前進行的全美調查報告，十八歲至二十五歲的人的心理障礙發生率高於任何其他年齡組，其中一部分是因爲他們在青少年時期就有這方面的障礙，另一部分則是他們在二十出頭時首次出現這些問題。

近幾十年來，年輕人的心理健康問題盛行率急劇攀升。根據年度調查，在二〇〇八年至二〇一七年期間，十八歲至二十五歲的青年，其心理健康障礙發生率大幅上升。其中一項研究顯示，在調查前一個月曾出現重度憂鬱的青年百分比在這十年內翻了一倍，而其他年齡組的成年人的重度憂鬱發生率則維持不變。

宣稱自己有心理困擾的人數，遠遠超過了那些有重大臨床症狀的人。在二〇一七年，約有13％的青年宣稱他們在上個月出現過嚴重的心理困擾。這個數字在二〇〇八年至二〇一七年之間幾乎翻了一倍。相比之下，這段期間，二十六歲至四十九歲成年人的心理困擾發生率僅略微上升，而五十歲及五十歲以上的人數則維持不變。此外，十八歲至二十五歲的青年有自殺想法的人數也急劇上升，儘管二十五歲至三十五歲的成年人有自殺念頭者亦有顯著的增加。

我們都聽說過在疫情大流行期間，各年齡段的心理健康問題都驚人地上升。宣稱自己有憂鬱或焦慮症狀的美國成年人比例，從疫情大流行前的11％攀升到超過40％。有超過13％的人藥物濫用的情形變得更加嚴重。而調查中有超過10％的人表示，他們在過去三十天內曾想過要自殺。

疫情大流行對青年的心理健康造成特別嚴重的影響。在這危機期間，將近三分之二的十八歲至二十四歲的青年宣稱自己出現憂鬱或焦慮的症狀；四分之一的青年表示爲了應對疫情大流行的壓力而增加藥物濫用的行爲；四分之一的青年曾認眞考慮過自殺。

各項指標都顯示，無論是在疫情大流行之前或之後，十八歲至二十五歲的青年都比其他任何年齡段的成年人更有可能出現嚴重的心理健康症狀，而二十五歲至四十歲的成年人情況也差不了多少。

了解爲什麼青年的心理健康問題如此普遍，有助於我們探究心理問題的一般原因。

大多數心理問題是由內在的脆弱和外在的壓力共同造成的。內在的脆弱可能是天生的（例如遺傳了容易成癮的體質）、源自先前的經歷（例如在被父母虐待的環境中長大），或是神經發展的（例如處於大腦特別容易受影響的年齡）。外在的壓力可能是慢性（貧困）或急性的（暴露在戰鬥中）、生理（生病）或非生理的（失業）、人際（分手）或情境的（颶風）、主觀（擔心暴風雪可能讓你錯過回家的最後一班飛機）或客觀的（在航站過夜等待機場重新開啓）。

心理問題是內在的脆弱和外在的壓力之間相互作用所導致的，因此脆弱程度不同的人

（例如天生對不愉快之事產生激烈情緒反應的傾向的強弱），若暴露在相同類型和程度的壓力下（例如當地的犯罪潮），他們所受到的影響是不一樣的。具有反應性特質的人可能會出現嚴重的焦慮，而較冷靜的人則可能不受影響。因此在說你的孩子對壓力事件（例如結束戀情）過度反應之前，請記住這一點。也許將孩子的特質納入考量後，你會發現他們的反應並不過分。

同理，一個遺傳了憂鬱體質的人，若是在非常有愛心的父母的照料下長大，他可能永遠不會罹患憂鬱症；而具有相同的基因脆弱性、但生長在父母情感虐待的環境下的人，則更有可能發展出這種疾病。這有助於解釋，爲什麼縱使疫情大流行使得焦慮的發生率普遍大幅上升，但並未影響到每個人的心理健康。對數百萬人來說，疫情大流行確實令人感到巨大的壓力，但他們有些人很幸運地具有更堅強的基因而受到了保護。

將這一切的因素納入考量，就不難理解爲什麼青年面臨如此高的心理健康問題風險。如同之前所說的，大腦的高度可塑性使得這個年齡段的人更容易受到環境的影響。這使他們更可能受益於正向的體驗，但也更可能受到負面體驗的傷害。這也是受疫情大流行影響最嚴重的就是年輕人的原因之一。

就算沒有疫情大流行，年輕人面臨的環境壓力數量之大也超過其他的年齡組，這使他們比其他人更容易受到心理困擾的影響。

這是人們從高中畢業和過渡到大學的時期。此時，他們通常會搬出父母的家，並放下重要的人際關係。對許多人來說，離家到大學生活是一種解放的經歷；但對其他人來說，那是一種可怕的體驗。大學會有遠比高中時期更多的學習要求。特別是在當今的時代，完成大學的學業後，隨之而來的往往是對未來的巨大不確定性，諸如工作、居住安排、財務以及感情生活方面的不確定，更甭說還要償還學生貸款、申請研究所或專業學院，抑或是不得不搬回家中。

就我們所知，大腦在這個人生階段的高度可塑性一直都存在——早在科學家有工具去發現及記錄它之前就已是如此。數百萬年的人類進化，使青年的大腦對環境條件特別反應靈敏，以幫助人們在獨自闖蕩這世界前先取得關於這世界的有用新知。然而，如同我之前所指出的，這種敏感性也使得青年的大腦特別容易受到壓力的影響。這種加劇的壓力反應可能近幾十年來並沒有任何改變（進化的影響需要更長的時間，僅僅數十年對進化來說太短了）。

更有可能的是，尤其是近幾十年，青年變得更加緊張。這是由於經濟的不確定性、進入名校的激烈競爭、充滿挑戰的勞動市場、住房和教育成本的增加，以及對社群媒體的過度關注所致。如今，許多年輕人也感受到存在焦慮（existential anxiety），這是氣候變化、文化和政治上的分歧、可怕的國際衝突、日益增加的槍械暴力，以及大流行病可能永遠成為生活的一部分所造成的。若想扭轉過去二十年來年輕人的憂鬱、焦慮和尋短之念的增長趨勢，我們就必須找到讓青年減少壓力的方法。

父母為子女的心理健康能做的四件事

父母可以做四件事來幫助保護成年子女免於嚴重的心理健康問題。不過別忘了，你可能已經盡己所能，但仍然無法成功地防止它。父母能做到這些事的程度，取決於孩子是否仍住在家裡、離家就讀大學或已經獨立生活。然而在所有這些情況下，父母都可以採取措施來讓孩子在這段時間不那麼有壓力。

首先，我們必須提供愛、支持和安慰。許多人並不了解，溫暖又關係緊密的父母對成年子女的心理健康有多麼重要。知道自己可以向父母尋求情感的支持，尤其是在那些可能讓年輕人感到焦慮的過渡期（例如大學畢業、找工作或搬到新的地方），是至關重要的。別忘了，這些過渡期可能帶來興奮，也可能帶來憂慮。如果孩子只跟你談對未來的期許，或是你只問他們新生活中好的一面，那麼你可能不會注意到他們的焦慮。你可以說：「這些對你來說是很大的改變，那麼你還好嗎？」

你的成年子女還需要知道，在困擾的事件（例如失業、朋友服藥過量或分手）發生之前、期間和之後，他們都可以向父母求助。有時候這些事情會突然發生，但通常都會有一些跡象——這一個月來他們的老闆一直在裁員、他們的朋友近來一直在應對藥物濫用的問題、他們的感情在過去一年裡一直岌岌可危。這些負面的經歷在人生的任何階段都可能是壓力的來源，然而當大腦對壓力特別敏感的時候，它們的影響就會被放大。

問問孩子，這些情況他們處理得如何，並讓他們放心，你隨時都願意跟他們談這些事。你可以這樣開始談論這個話題：「你上週說到你很擔心公司裁員的事，那你現在還好嗎？」

就算他們不想談這件事，但知道你在關心就是很大的慰藉。在孩子特別艱難的時候，偶爾詢問他們的狀況也沒問題（但別太頻繁以免變成侵擾）。留意自己是否有太愛管閒事的跡象。譬如說，當平時健談的孩子覺得父母過於侵擾時，他們就會三緘其口。

第二，試著減少孩子生活中那些可能增加心理健康問題發生機率的壓力。其中可能包括在孩子經濟困難時給予或借錢給他們；在他們工作特別辛苦時送給他們一張按摩禮券；幫忙帶小孩，好讓他們可以放鬆一晚；或是給一些特別的東西來讓他們暫時忘卻煩惱，例如戲劇或體育比賽的門票、或週末的度假。如果你本身就是壓力的來源，那就做些事情來減輕壓力，讓他們不必再聽到你工作上遇到的問題或跟朋友發生的衝突，也不必再聽到你的「獨唱會」——對隨著上了年紀所帶來的不適感的長篇抱怨。

第三，幫助孩子管理壓力。他們無法改變過於苛刻的老闆、腸絞痛的嬰兒、或是答應要修繕卻從未兌現承諾的房東。然而，應對壓力有健康和不健康的方式。溫柔地建議他們抽出時間來運動、睡覺、好好吃飯，以及練習瑜伽、靜心或逐步肌肉放鬆等減輕壓力的方法。這些技巧對任何年齡的人都有效，因此如果某件事（包括你的孩子）令你感到焦慮，它們也能幫助你。若你發現孩子正轉向酒精或其他藥物來應對壓力，你就應該說點什麼：「我發現自從工作變得更加繁重以來，你喝的酒比以前更多了。你下班後就別喝了，要不要偶爾去跑步放鬆一下？」

第四，告訴孩子他們可能不知道的脆弱之處，比如是否有藥物濫用或憂鬱症的家族史。大多數的心理疾病至少都有某種遺傳的因素，你的孩子有權知道自己是否可能容易上癮或患上其他的疾病。也許你會感到猶豫不決，不願意分享你的祖父母中有人是酗酒者、你的叔叔自殺或你和你的兄弟都在服用抗憂鬱藥物，但是你的不舒服不應該阻止你分享那些有助於孩子對自己的健康作出更好的決定的重要資訊。如果你知道孩子有容易得到皮膚癌的遺傳，那麼你肯定會跟他們提到這一點，並強調使用防曬乳和減少暴露在陽光下的重要性。同樣的，你也應該採取相同的做法來對待心理疾病。

與其冷不防地提起這個話題，不如找機會來借題發揮，比如說某位名人因濫用藥物而接受治療或自殺的新聞。這對父母來說可能是尷尬的話題，特別是當你覺得自己在洩露家族的祕密時，但你可以告訴孩子，這不是可以隨便向外人說的事。你的孩子可能會理解，並對於你認爲他們已足夠成熟到可以託付這些祕密而心懷感謝。

常見的心理健康問題

臨床醫生通常使用「失調」（disorder）一詞來描述嚴重的心理健康問題，譬如憂鬱症或藥物濫用。嚴格來說，「失調」指的是持續一段時間的特定症狀，並對社交、求學、工作或日常生活的功能造成影響的臨床診斷。換句話說，失調意味著某人不僅具有某些症狀，而且這些症狀不是暫時性的，並且會對他們生活的某方面或多個方面的功能造成影響。

在此，我使用「失調」一詞的定義更爲廣泛，它包括既有的臨床定義，也包括不一定符合正式診斷標準的情況。一個人可能在沒有患上臨床憂鬱症的情況下對生活感到乏味，或在不符合焦慮症診斷標準的情況下一直感到焦慮。有些人異常關注自己的體重，卻沒有飲食失調；有些人錯誤使用藥物，但並沒有藥物濫用。

當我談論有憂鬱症、焦慮症、暴食症或藥物濫用等問題的年輕人時，我指的是他們的心理困擾比分手後的短暫悲傷、對新工作的焦慮、擔心衣服會不會讓自己看起來很胖、或週六晚上跟朋友一起喝酒更令人擔憂。重要的是，這些困擾是否頻繁到影響正常的生活功能。若你擔心孩子的心理健康，這就是你應該關注的。

僅因某人不符合某種失調的臨床標準，並不代表他們就沒有值得認眞關注的問題。雖然感到悲傷本身並不足以診斷爲憂鬱症，但有些人太常感到悲傷，因此治療對他們來說是有益的。有些人處於一種無法放鬆的恆久焦慮狀態；有些人對自己的體重過於擔心而想停止不健康的飲食；有些人認爲自己藥物濫用過於頻繁，需要人幫助他們減少使用或戒斷。換句話說，即使不是那些可診斷的失調，爲心理問題尋求幫助也是合適的。

若你的成年子女似乎在過去幾週裡出現了上述的任何問題，我強烈建議你考慮一下是否要尋求專業的治療。別爲自己的初步判斷而產生無謂的擔憂，因爲許多不同的問題都有相似的症狀（例如睡眠問題是許多心理狀況的常見後果）。此外，許多人同時有多種狀況，例如異常關注體重的人通常有憂鬱症，濫用藥物的人通常有焦慮症，而憂鬱症患者往往會有極端的焦慮發作。若你對孩子感到擔心，想告訴醫生他們的心理狀態來加以治療，你只需要描述他們的症狀、持續的時間，以及它們對孩子的生活似乎造成什麼樣的影響。

年輕人最常見的心理問題包括憂鬱症、焦慮症、飲食失調、注意力不足過動症和藥物濫用。這些問題通常都可以藉由藥物和心理治療來療癒。

憂鬱症

人們經常將這個詞和悲傷混用，但憂鬱症不僅僅是悲傷。它有情緒上的症狀，包括沮喪、對愉快活動的興趣減退和自尊心低下；它有認知上的症狀，例如悲觀和不抱希望；它還有動機上的症狀，包括漠不關心和無聊。最後，它通常還有身體上的症狀，如食欲減退、睡眠困難和精力低落。憂鬱症在年輕女性中比年輕男性更常見，但許多年輕的成年男子也患有憂鬱症。

對某些人來說，憂鬱症是在幾年內來來去去的一種慢性病，但它的消失很少超過兩個月。患有慢性憂鬱症的人通常很難從過去喜歡的活動中獲得樂趣，有時被描述爲愁眉不展或缺乏熱情。在某些情況下，憂鬱症可能嚴重到引發死亡或自殺的想法。無論何時有人說他們想自殺，都別留下他們單獨一人，並應撥打九一一或將他們送往最近的急診室❶。

焦慮症

每個人都偶爾會感到焦慮。在面臨可怕或威脅的情況下，感到緊張或害怕是很正常的反應。當颶風接近、深夜聽到可疑的聲音、或是得知自己感染新冠肺炎時，感到焦慮是常有的事。一般來說，這些焦慮會在威脅消失時逐漸消退。但如果焦慮感變得嚴重或頻繁到足以干擾日常生活的功能，此時可能就必須尋求專業的協助。

通常，當某人有無法消退的強烈恐懼和擔憂，專家就會診斷爲焦慮症。焦慮症通常伴隨著疲勞、睡眠問題和緊張的生理症狀（如頭痛或胃痛）。年輕人最常見的焦慮形式包括：廣泛性焦慮（頻繁的擔憂或緊張不安，難以控制且容易從一個話題轉移到另一個話題）；社交恐懼（對與他人互動或在他人面前的表現感到極度恐懼，有時會伴隨著害怕受到負面評價或做出糗事的擔憂）；以及恐慌發作（突然感到恐懼，通常伴隨著出汗和心悸等症狀）。

飲食失調

在我們這樣高度重視外表的社會，許多年輕人不免會對自己的身體感到不滿意，並渴望透過節食或運動來控制體重。然而當這些擔憂演變成對飲食和減重的異常沉迷，從而控制或干擾了日常生活，此時可能就必須尋求治療。

有四種主要的飲食失調類型，包括：厭食症，以食量極少以至於變得極端瘦弱，且當事人無法意識到這種危險爲特徵。暴食症的特徵是頻繁地無節制進食（在短時間內消耗大量的食物），並以自行誘發嘔吐、禁食或強迫運動等來補救。嗜食症和暴食症相同，都是反覆發作的無節制進食，但它沒有後續的補救行爲，而這通常會導致對於自己過量飲食的內疚和羞愧。健康食品痴迷症（orthorexia）目前尚未被正式歸類爲飲食失調，但許多醫生已將其視

❶編註：台灣各縣市政府衛生局社區心理衛生中心都有提供或轉介心理諮詢的服務，亦可撥打衛生福利部安心專線1925（諧音：依舊愛我），提供二十四小時免費心理諮詢服務，或撥打生命線1995及張老師1980，皆可提供適當的心理支持。

爲飲食失調的一種。它是指對健康飲食的過度迷戀，以至於影響了正常的功能。患有健康食品痴迷症的人對他們的飲食非常在意，可能會強迫自己檢查食物的營養成分，並花大量的時間在擔心即將參加的社交活動所提供的食物。他們甚至會停止與他人社交，以免吃到「不允許」吃的食物。

注意力不足過動症

我們偶爾都會感到坐不住或注意力不集中，但如果這些情形頻繁到足以干擾日常生活，或者影響到學業或工作上的表現，那麼它們很可能就是成年人注意力不足過動症的症狀。注意力不足過動症通常出現在童年，並且隨著年齡的增長而減輕，但許多童年時被診斷出患有注意力不足過動症的青年仍被同樣的問題困擾著。如同兒童的注意力不足過動症一樣，成年人注意力不足過動症可能表現爲注意力的問題、衝動控制的問題，抑或兩者兼具。注意力的問題表現爲健忘、犯粗心大意的錯誤、逃避那些需要持續集中注意力的活動，以及容易分心。在成年人身上，這些症狀可能導致錯過截止日期、組織混亂、時間管理不善和忘記原本的計畫。衝動控制的問題在成年人中比在兒童中要少見得多，其主要表現爲極端的坐不住或坐立不安、難以控制情緒、心情波動，以及對挫折的低容忍度。

藥物濫用

這種情況的嚴重程度可以從問題性使用（對生活中一個或多個方面產生不利影響的方式來使用藥物）、依賴（需要越來越多的藥物才能達到相同的效果，以及難以戒斷或減少使用），到完全成癮（對藥物的需求已強烈到接管了自己的生活）。所有藥物都有濫用的可能，包括酒精、尼古丁、大麻、古柯鹼、安非他命、迷幻藥、鎮靜劑和類鴉片藥物。這其中有許多是成年人可以購買的合法藥物（酒精、菸草和越來越普遍的大麻），並經由廣告和市場營銷的積極推廣，使得藥物濫用變得特別有害，因爲濫用這些合法藥物有時會導致非法藥物的濫用。

在美國，儘管未滿二十一歲的人購買這些東西是違法的，但調查顯示，大多數的高中生都曾喝過酒，而且有近一半的人抽過大麻和接觸過尼古丁（主要是透過吸電子煙）。由於吸食毒品往往出現在青少年時期，因此許多青年繼續使用同樣的毒品並不令人感到意外。至於其他的毒品（通常稱爲「高成癮性毒品」），對任何年齡的人來說都是非法的。

毒品的問題就在於，它們會對大腦、心臟、肺部和其他身體系統造成直接的影響，同時也會影響到使用者、周遭人和社會的生活。毒品導致近一半的致命車禍、促成財產犯罪和暴力犯罪（包括強姦和性侵），並且是家庭暴力、學業失敗、工作缺勤、失業、無家可歸和人們各種痛苦的常見原因。

並非所有嘗試或甚至定期使用藥物的人，都會成爲濫用者或成癮者。問題在於沒有人能事先知道哪些使用者會成爲濫用者，而哪些濫用者會成爲成癮者。

與其在孩子身上尋找這些疾病的具體症狀，不如尋找更普遍的心理困擾跡象。這些跡象包括社交退縮、精力減退、對先前感興趣的活動失去興趣、睡眠問題（過多或不足）、認知障礙（記憶問題、思維緩慢或難以集中注意力）、飲食習慣異常（飲食過度或過少）、坐立不安、無法履行在學校或工作中的責任、不修邊幅和撒謊。注意他們在這些方面是否有明顯的變化，特別是那些已經持續兩週或更久的變化。

若孩子與你同住或你們經常見面，那就更容易發覺出來。但你也可能在電話交談或短暫的到訪中察覺到一些跡象，例如舉止遮遮掩掩、事情經常想不起來，或不斷地在工作、人際關係上或與警方發生問題。

尋求幫助的重要性

越早診斷及治療心理健康的問題，我們就有更多的機會控制它。這在青年時期尤其如此，因爲這個時期的神經可塑性使人更容易受到壓力的不良影響，但同時也更有可能對治療產生效果。

若你注意到成年子女的行爲有明顯的改變，而這種變化已持續至少兩週，那麼請以關懷且不帶偏見的方式來告訴他們你的觀察。譬如你可以說：「最近你睡得好像比平常久，你還好嗎？」並問問看最近有沒有發生什麼事。懷著同情心溫柔地展開這個話題來強調你的關心。你可以說：「最近你好像跟以前不太一樣，要不要找人聊聊？」「你最近脾氣有點暴躁，工作上的事還好嗎？」「我最近常聽到你半夜起來走動。你知道自己爲什麼睡不好嗎？

通常我失眠是因爲有些事讓我放心不下。」

成年子女不願接受治療的原因

當你懷疑成年子女需要專業的心理治療時，其中一個困難的地方就是說服他們尋求治療。許多有心理問題的人會否認或淡化這一問題，不論是對他人還是對自己；而其他人雖然不否認自己的問題，但可能對解決它感到不舒服或害怕。由於我們的社會仍對心理疾患有汙名化的情形，因此一個喉嚨痛或扭傷腳踝時會毫不猶豫地尋求治療的人，卻可能因爲擔心家人等其他人的反應而猶豫是否要去看心理醫師。

儘管我們的社會在這方面也已取得許多的進步，但仍很難說服社會大眾，精神健康問題並不是道德上的失敗，而是像心臟病、關節炎或癌症一樣的身體疾病。有些生活方式的改變確實可以預防許多疾病的發生或進展，包括許多的心理疾患，但這並不代表他們生病是因爲壞的選擇所導致。責怪某人飲食失調，就像責怪某人患關節炎一樣沒道理。

對於其他人來說，不願意尋求幫助本身就是疾病的結果。憂鬱症的一個症狀是提不起勁，包括尋求治療所需要的動力；患有社交恐懼症的人可能對與心理醫師交談感到忐忑不安，光是想到要打電話預約看診就令人害怕；患有厭食症且病情嚴重的人，可能對自己身體的認知已扭曲至無法意識到問題的地步，雖然朋友和家人明顯地看到他們正在消瘦；成癮的人可能已經說服自己相信他們的使用不是問題、他們可以隨時停止，或者他們只是爲了應付一個困難的時期而暫時過量使用。

有時人們不願意尋求治療，是因爲他們相信沒有任何事情可以幫助他們。你的孩子必須知道，青年常見的大多數心理健康問題都有有效的、經過科學驗證的治療方法。治療可能需要時間，因爲對某些人來說，不同的治療方法可能更爲有效（藥物治療往往是這種情況）。在找到對患者有效的治療方案之前，醫生通常會嘗試多種藥物來單獨使用或同時使用，並且往往還會配合心理治療。如果你的孩子堅持說「什麼都沒用」，告訴他們這並非事實，儘管這可能需要一些時間才看得到改善。

通常，青年之前接受治療的心理健康問題會再次出現。如果你的孩子回應你的關心，說他的問題會再次出現就表示這是治不好的，請向他們解釋，有些如憂鬱症或藥物濫用之類的問題即使曾成功地治療過，然而當人處於壓力之下時，它們仍可能會復發。許多精神疾病就像許多身體疾病一樣是慢性的，必須隨著時間來進行管控，並且通常需要藥物治療及定期向醫生報告情況。舉例來說，成功管控慢性憂鬱症是可能的，就像控制第二型糖尿病或高血壓一樣。

人們不願接受治療的另一個原因是，他們知道自己生病了，但是他們想要康復的動力不夠強。對於這些人來說，這些狀況成爲難以打破的習慣。最容易理解這一點可能是在藥物濫用方面，因爲許多濫用者使用藥物是爲了它們能帶來愉悅感。但其他心理疾患儘管令人痛苦，卻也能提供一種安全或庇護的感覺而令人感到自在。

我的母親患有慢性憂鬱症，並且不願接受治療。在她大約六十歲的某天深夜，我們談到這個問題，她拒絕了我所有說服她去看精神科醫生並嘗試抗憂鬱藥物的企圖。最後我氣到跟她說：「你的問題就是，你寧願憂鬱也不想好起來。」她完全同意。對她來說，憂鬱就像是她的正常狀態，那種熟悉感會令人感到安心。

許多患有精神疾病的人感覺就像我的母親一樣。他們無法想像期待事物、不會一直憂慮、不老是關注自己的體重或不想嗑藥，那是什麼樣子，因為他們已經忘記快樂、平靜、滿足和清醒的感覺很久了。他們對未知的恐懼實在太強烈了，於是認為繼續生病總比康復好。

父母何時該介入

當成年子女在外生活時，要知道他們是否遇到心理問題特別不容易，尤其是在他們尚未意識到自己的生活功能受到困擾時。即使他們和你同住，如果你們其中一人或雙方都忙於工作或其他事務，或者他們跟你在一起時並未表現出生病的跡象，那麼問題也可能很難被察覺。如果他們自己買伏特加，每天晚上把自己灌醉睡到不醒人事，你可能不會察覺到他們的酗酒問題。如果你的工作必須一大早就出門，你可能不知道他們平常都太憂鬱了而無法在中午前起床。如果他們一直默默地使用類鴉片藥物來治療背痛，或使用贊安諾（Xanax）或煩寧（Valium）之類的鎮靜劑來應對上台報告的焦慮，你和他們都可能沒有意識到他們可能逐漸走向成癮。

當你懷疑有嚴重問題時，迅速採取行動是很重要的。除非你有診斷或治療心理健康問題的專業訓練，否則在介入之前不要妄自判斷你的孩子是否符合某種心理障礙的標準。他們的生活是否受到某種心理健康問題的不利影響，那才是最重要的。如果你連續兩週日夜咳嗽個不停，你不會等到搞清楚自己是感冒、支氣管炎、過敏、心臟病、還是肺癌才去看醫生。

有時候，心理疾病會使孩子與父母疏遠。通常，他們的症狀也包括疏遠他人（憂鬱症或藥物濫用的情況就是如此）。這也解釋了一個明明需要支持的孩子，卻會主動地遠離那些可能提供支持的人的原因。其他年輕人可能會因爲自己帶給父母擔憂而感到內疚。他們會遠離這種關係，因爲他們不希望父母花時間或精力來幫助他們。還有一些人擔心露出心理問題的跡象會讓他們看起來更依賴父母，而這個擔憂會被那正在努力建立自主性的人放大，正如許多年輕人的情形一樣。此外，還有一些人可能會感到憤怒，因爲他們認爲自己的痛苦就是父母造成或導致的（不論那是事實還是誤會）。如果你的孩子因爲這些原因而疏遠你，請給他們一些情感上的空間，但要確保他們知道，當他們準備好重新與你交流時，你會在那裡支持他們。

若你向孩子提出你的擔憂而他們否認了，試著專注於他們的行爲如何影響了你，別讓他們感到內疚，而是要表達你自己的痛苦和苦惱。「我睡不著，因爲我擔心你可能會酒後開車。」「你知道我是很容易跟人產生共鳴的人。當你焦慮時，我也會感到焦慮。」「看到你這麼沮喪，我很難過。」「看到你這麼消瘦，我很害怕。」有時候，聽到父母說出心裡話可以促使孩子考慮尋求幫助。他們也許還沒當父母，但已足夠大到可以想像爲自己的孩子如此擔憂的感受。

沒有什麼可以阻止你和孩子談論你認爲他們可能遇到的困難，或幫助他們尋找治療方式。但除了討論之外，你能做的事情是有限的，因爲你的孩子已經是成年人。一旦他們在法律上成年，如果他們不願意接受幫助，除非情況非常緊急，可能會對他們或其他人造成立即的危險（例如他們威脅要自殺或嚴重傷害別人），否則你幾乎無能爲力。在這種情況下，你應該撥打九一一。我們生活在一個槍械和致命藥物很容易取得的世界，你可能不知道自己的孩子是否有取得它們的途徑。當他們的生命或別人的生命可能遭受威脅時，別擔心自己反應過度。

若情況不需要緊急的行動，但你認爲孩子需要專業的關注，那麼你可以採取以下幾種方法。如果孩子在學校讀書，你可以鼓勵他們聯繫學校的輔導室，那裡有心理輔導的專業人員。近年來，許多大學的輔導服務因年輕人心理疾患的急劇增加而不堪負荷，但輔導室會有候補名單，並有專業人員可以判斷是否有人需要緊急治療。若確定有人需要緊急治療，他們就會安排相應的措施。

如果孩子不在學校並有意願尋求治療，那麼可以請孩子聯絡你的家庭醫生或他們的醫生來聽取建議。若你有在心理健康領域工作的朋友，也可以請孩子聯絡他們來尋求推薦好的醫生。但不建議從家人的朋友處尋求治療，因爲這可能存在利益衝突和保密的問題。

此外，你還可以幫助孩子研究治療的選擇。幾乎所有心理健康的問題都有專業人員組成的全國熱線，特別是那些需要緊急干預的情況，例如成癮、厭食症和自殺。這些熱線很容易在網路上查到。對於較不緊急的問題，那些專門處理特定心理健康問題的專業組織的聯繫方式，也可以在網路上輕易找到。這些組織的專員知道你的孩子所在地附近有哪些合格的治療資源。但請確保你聯繫的是專業的組織，而不是回應網路上那些治療師、診所或機構之類的廣告。

爲孩子尋求幫助和協助他們自己尋求幫助是有區別的。除非孩子虛弱到沒有你的幫忙就無法正常生活，否則你應該從旁支持和指導就好，並讓他們自己主導這一切。如果你打電話給心理學家說你的二十七歲女兒好像有憂鬱症，心理學家可能會問幾個問題來確定她是否有自殺的傾向。若確實有這種危險，建議你立即撥打九一一。然而，你不可以未經女兒的許可就爲她安排預約。若心理學家有資格治療你所說的問題，他們會鼓勵你讓孩子直接跟他們或其他的治療師聯繫。孩子在自己的治療中扮演積極的角色，能有助於成功的療癒。

若孩子的情況令你非常痛苦，你也可以爲自己尋求幫助，但別期望你求助的人也願意將你的孩子視爲患者，除非有某種家庭治療的需要（參閱本章「父母也需照顧自己的心理健康」一節）。但即使是這種情況，你也不能強迫孩子參與治療。

由於孩子的年齡，你不太可能親自參與孩子的治療。在極少數的情況下，並且是經由孩子的同意，治療師可能會想與你面談。如果你的孩子已進入治療機構，比如戒毒中心，你與他們的聯繫可能會受到限制。不要將這些限制解讀爲你是導致孩子成癮的原因，或是跟你聯繫會危及干預措施。許多康復中心都建立了非常有架構的環境，而這些環境都已被證明是成功的。維持這種治療架構可能需要對患者的家屬或朋友的探訪制定嚴格的規定，尤其是在患者進入機構後的最初幾週或幾個月。

保密要求以及其他例外

最後，談一下保密這件事。你關心孩子的健康；你擔心他們有需要專業治療的心理健康問題；你鼓勵他們尋求幫助，並幫助他們找到合適的治療者。也許你的健康保險支付了他們治療的全部或部分費用；也許你甚至願意自掏腰包來支付那些保險不涵蓋的費用。

然而，一旦開始治療，你的孩子與他們的治療師討論的任何事情都必須嚴格保密。你的孩子可能想要與你討論他們的治療，但這取決於他們自己。你不應該問他們在治療的過程中發生了什麼，或者治療的進展如何。你不應該打電話給治療師來了解治療的進展（他們也無法告訴你）。若孩子的治療師認爲你的參與能有助於治療，他們會跟你的孩子討論這個問題，並鼓勵他們向你提出參與的可能性。這是孩子的選擇，沒有其他人能干預。

這些保密要求有一個重要的例外，它涉及到大學的輔導室。一般來說，大學的輔導室很樂意回答家長關於能提供哪些服務之類的問題，但不會透露有關他們的孩子的具體資訊。然而，對最近剛上大學或轉學到新學校的孩子的父母來說，這些資訊可能是有幫助的，因爲這些父母希望讓孩子知道他們可以在哪裡以及能以何種方式獲得各種問題的協助。當然，父母鼓勵孩子自己去詢問宿舍的導師或學生健康中心的工作人員，這樣是最好的。

有時候，學生並不曉得如何了解學校提供的服務。父母可以建議孩子，他們可以向誰詢問有關諮商、輔導、醫療保健等方面的資訊。通常大所的大學都有繁雜的官僚體系，對於大學新鮮人來說，要了解這些體系可能會令他們感到不知所措。

若未成年者剛進入大學，有些情況下，臨床醫師可能會希望與他們的父母談一談關於他們的孩子在適應的過渡期遇到的困難。只要學生同意，這是可以允許的。專業的治療師會跟學生討論這個問題，並解釋爲什麼從他們的父母那裡收集關於病歷或家族史之類的額外資訊是有幫助的。另一方面，如果你得知孩子需要輔導（也許是孩子的朋友打電話告訴你，他們擔心你的孩子的心理健康），你應該隨時打電話給學校的輔導室並提醒他們。只要你提出要求，他們就會密切關注這件事。

當大學的校方認爲學生有傷害自己或他人的危險時，他們在法律上有義務要通知父母。此外，許多學校給學生簽署資訊授權書的選擇，該授權書指定了學校可以跟學生的父母聯繫的條件。建議你的孩子這樣做是個不錯的主意。你可以向孩子說明，儘管他們在法律上已經是成年人，但父母的參與和支持仍對他們有很大的好處。換句話說，讓學校更容易與你聯繫，對每個人都更好。

父母也需照顧自己的心理健康

在這段時間，你不應只關注孩子的心理健康。許多青年的父母發現，處理孩子問題的壓力同樣也需要尋求專業的協助。這些壓力包括焦慮、無助、憂鬱，以及其他各種情緒。

蘇珊就是這樣一位父母，她親眼看著兩個孩子的婚姻同時破裂。她的兒子傑瑞米二十七歲時與貝絲結婚。貝絲的年紀比他大一些，她在前一段婚姻中有一個六歲的兒子。傑瑞米的父母對這段婚姻並不滿意。他們喜歡貝絲，但認爲傑瑞米太年輕還不適合當父親。在他和貝絲結婚之前，他們問他是否準備好承擔這份責任——身爲唱片製作人的他，事業尚未眞正起步，他的父母擔心「父親」的身分會使他的事業道路拖得更久。傑瑞米表示他愛上了貝絲，並期待一起撫養她的兒子。在他和貝絲交往期間，他已經跟這個男孩建立了密切的關係。

當貝絲的前夫知道他們結婚後，他開始設法讓他們的生活變得悲慘。他努力爭取取消他們的共同監護協議，並獲得對兒子的單獨監護權。他透過電話不斷地騷擾貝絲，並經常把他的特斯拉停在傑瑞米的公寓前，盯著他們家看好幾個鐘頭。他開始在社群媒體上攻擊傑瑞米，試圖破壞他在音樂界的聲譽。

忍受這種情況幾個月後，這份壓力影響到了傑瑞米的心理健康和工作，而法律戰也在侵蝕他那少得可憐的積蓄，於是傑瑞米決定結束與貝絲的這段婚姻。他們心不甘情不願地分居，並在六個月後離婚。這個小男孩心碎了。

「你沒什麼好內疚的。」當傑瑞米在確定離婚的那天晚上來家裡吃飯時，他的父母這麼告訴他。

「那個混蛋決心要讓你的生活變得悲慘、摧毀你的婚姻、干擾你成爲好的繼父，這下子他得逞了。這是難以繼續的局面，什麼也改變不了。貝絲也心知肚明——這是她自己說的。

所有這些亂七八糟的事就是要搞垮你的事業，這就是他的目的。」蘇珊說。

傑瑞米離開餐桌去洗手間。

「這樣是最好的。」蘇珊告訴她的丈夫。

當傑瑞米回來時，看得出來他已經哭過了。雖然蘇珊認爲必須結束這段婚姻的看法可能是正確的，但看到兒子如此傷心還是令她非常痛心。

然而，蘇珊還被蒙在鼓裡的是，她女兒的婚姻也正面臨破裂。現年三十歲的莉莉與布雷克已結婚三年。當布雷克告訴她他愛上別人時，這對莉莉來說已經夠難以接受了，但得知布雷克過去一年來一直與另一個男人有婚外情，才更令她傷心欲絕。

若丈夫偷情的對象是女人，莉莉是願意進行婚姻諮商來讓他們的婚姻重燃生機，因爲她有一位朋友的配偶也曾出軌，後來透過婚姻諮商，他們的婚姻得以挽救，甚至變得更加穩固。但問題是，莉莉無法與一個對她的身體不感興趣、甚至永遠不會感興趣的人繼續維持婚姻。當她告訴布雷克他們不得不離婚時，他同意了。

莉莉和布雷克有兩個女兒，一個是小嬰兒，另一個才剛學會走路。他們倆都不是從事高薪的工作，因此無法負擔兩個孩子的托育費用。他們原本是透過工作時間表的安排，輪流在家照顧孩子，但現在他們該怎麼辦呢？

莉莉尋找新住處時，她和女兒暫時搬到父母家。她上班時就將女兒交由母親照顧，直到她和女兒搬進新的住處。最後莉莉在父母的資助下，聘請了一位全職保姆。

處理兩個孩子的離婚事件給蘇珊帶來很大的壓力。她的兩個孩子都很灰心，這使得她也感到十分沮喪。她以前有憂鬱症，而目前的壓力又再次引發新的病情。她決定去找以前的心理治療師，後者開了抗憂鬱藥和每週一次的心理諮商。治療兩個月後，蘇珊斷定抗憂鬱藥應該足以應付問題——根據以前的經驗，她知道藥物產生效果時是什麼感覺。她繼續服用藥物，並每隔幾個月與治療師通電話。她的憂鬱症狀大約一年後就減輕了。不久，布雷克和莉莉又分別再婚，蘇珊的生活至少暫時恢復了正常。

蘇珊知道自己無法做什麼來阻止布雷克或莉莉的婚姻問題，但這並不表示處理這些問題會變得更輕鬆。俗話說，父母的幸福程度取決於他們最不幸福的孩子。

若你因爲孩子的問題而經歷一段煎熬的時光，並且你的心理健康已受到影響超過兩週以上，請考慮與心理治療師討論你的情況。若你以前沒看過心理治療師，你的醫生可能可以為你推薦人選。朋友和同事也是很好的推薦來源。

別因為讓別人知道你需要心理諮商而感到難為情。我們大多數人都有被生活壓得喘不過氣的時候，拖延尋求幫助的時間只會使問題更難解決。心理問題的時間拖得越久，治療起來就越困難。

如果你的心理健康問題與你的親子關係有關，那麼第一步應該先了解，你與孩子是否能坦誠且開放地討論你們的關係，以及你們彼此可以做些什麼來改善它。盡力聽取孩子的意見，不要帶有防禦性或指責，並要求他們在聽取你的意見時也是如此（參閱第二章「建設性地解決紛爭」一節）。這可能需要多次交談才能達成共識，並且可能需要幾週的時間才能讓你們的關係回歸正軌。期待事情能一夜之間改變是不現實的。請堅持下去吧！

若幾次對話後情況仍沒有改善，建議你們諮詢家庭治療師。有時候在第一次諮商之後，治療師會希望分別與你們單獨會談來聽取雙方的觀點，然後再展開一系列的共同會談，而你們會在這些會談中探討衝突的根源並努力解決它。根據問題的性質，心理治療師可能會建議你將其他家庭成員（例如你的伴侶或孩子的伴侶）納入討論。

當你請醫生、以前曾見過的治療師、朋友或同事推薦家庭治療師時，要明確地表示你想找的是受過家庭治療專業訓練的人，因爲並非所有的治療師都有這方面的訓練。美國婚姻和家庭治療協會網站（www.aamft.org）是提供你所在地的家庭治療師名錄的良好資訊來源。

子女的疏遠

對父母心理健康最嚴重的威脅之一是子女的疏遠。如果你擔心你與子女之間的分歧會導致疏遠，請放心，這種情況發生的機率遠比你可能被誤導的要少得多。

若你只是走馬看花地瀏覽新聞標題或圖書網站，你可能會認爲我們正處於疏遠大流行的時代。但如果你仔細閱讀文章或書籍的細節，或是深入研究發表在權威期刊上的科學研究（如同我寫這本書時所做的），你將會對此有截然不同的看法。

在深入研究前，我認爲「疏遠」的子女是那些主動與父母斷絕往來的人，並且持續了相當長的時間。不過，這很少是「疏遠」一詞的用法。事實上，很少作者能對「疏遠」的定義方式達成一致的共識。我對這一詞被隨意濫用的情形感到驚訝，而現在我終於明白，爲何有些媒體會將這種疏遠的情況說成大流行的原因。

這種描述是誤導的。一些研究將經常見面、但關係存在衝突或情感疏遠的父母和子女歸類爲「疏遠」，而其他研究則將幾個月而不是幾年沒見面的父母和子女歸類爲「疏遠」。此外，有些作者將沒有見面、但透過書面或電話溝通的父母和子女也描述爲「疏遠」。我甚至還看過有些研究報告中，孩子們說他們與去世已久（大概無法聯繫了）的父母「疏遠」。有些研究完全基於孩子的片面之詞，父母根本不知道孩子有這樣的感受，而這些家庭也被貼上「疏遠」的標籤。（對父母進行調查的研究，其疏遠率遠低於那些對子女進行調查的研究。）

坦白說，許多關於疏遠的研究並不嚴謹，並且被媒體報導得不清不楚。我發現那些被廣泛引用的報告，它們將疏遠的發生率估計爲超過四分之一的成年子女，這其實嚴重誇大了發生率，因爲這個數字將那些與家中任何人（包括兄弟姊妹和祖父母）疏遠的人也包括進去。如果只計算與父母疏遠的人數，這個數字將遠低於這個比率，甚至這個數字也將那些與父母保持規律的聯繫、但彼此關係不太好的人包括進去。事實上，許多人都會在某個時候與父母的關係處得不好，但我幾乎不會說他們是「疏遠」——至少不是按照一般的用法來使用這一詞。

我不是要淡化那些眞正與子女疏遠的父母們的苦痛，因爲從各方面來說，這是極其痛苦的。然而，如果你將子女成年後主動與父母斷絕往來、並且持續很長的時間（數年而不是數個月）定義爲眞正的疏遠，那麼你和你的孩子現在並非疏遠，而且你們變得疏遠的機率非常小。不過，我無法保證你不會經歷困難的時期。

當媒體將疏遠描述爲大流行時，他們所指的這些人是誰呢？

其中最大的一類（也許高達八成），是指那些與親生父母分開的孩子，並且往往是在他們還很小的時候。孩子與那位離家的父母（通常幾乎都是他們的父親）疏遠了，因爲養育他們的父母不希望與前任再有任何瓜葛。

成年子女疏遠父母有各種原因。有些人會與那些在他們成長過程中施虐的父母斷絕往來（在美國，有近15%的孩子在十八歲前曾遭受過虐待）。有時候，他們不再與某個父母往來，是因爲當初那位父母拋棄了家庭。在某些情況下，母親會因爲父親的暴力、性方面的不得體或犯罪行爲而將父親趕出家門。有時候，孩子的父親再婚，並與新的家庭展開新的生活，而對於這個疏遠的孩子來說，根本沒有情感上的空間。是的，嚴格說來，這個孩子確實與父親疏遠了，但這可能與你聽到疏遠大流行時所想到的情況不一樣。

其他更少部分的群體，通常是因爲以下五個原因之一而與父母斷絕往來：一、父母拒絕接受他們某一方面的身分，例如性取向或宗教觀點；二、他們的伴侶和父母之間存在著無法化解的問題；三、他們與父母之間的關係已經長期惡化，於是他們得出結論，與其保持無望的失調關係，不如斷絕往來對他們的心理健康更有利；四、他們無法容忍父母的某個習慣，如濫用藥物；五、他們和父母發生激烈的爭執（也許與金錢有關），而使他們不願再與父母繼續往來。

蒂芙妮的疏遠是她的父母與她的新婚丈夫馬丁之間的衝突引起的。他們來自非常不同的家庭背景——蒂芙妮的家境富裕，馬丁家則一貧如洗。他們的教育和收入也差距很大。但在交往一段很長的時間後，他們發現彼此很合得來，並且決定訂婚。然而從蒂芙妮告訴父母這件事的那一刻起，她就感受到阻力。

當蒂芙妮的父母第一次得知訂婚的消息時，他們告訴她，嫁給門不當戶不對的人是很冒險的，他們不贊成這樁婚事。他們期望蒂芙妮嫁給專業的人士，而馬丁只是城區街道部門的勞動者。他們希望她的丈夫至少要有大學學歷或者更高，就像他們的女兒一樣（蒂芙妮擁有企業管理碩士學位），而馬丁在社區大學的第一年就退學了。蒂芙妮父母的預想是，如果蒂芙妮選擇離開自己的事業來組建家庭，她的丈夫將是家中的頂梁柱，並且能成功地支持她。可是，馬丁幾乎不可能賺到身爲對沖基金投資組合經理的蒂芙妮的十分之一收入。

然而，這一切對蒂芙妮並不重要。她因爲馬丁的親切、深情、善良和他對她的愛而深深地愛著他。她相信他會是一個出色的丈夫和父親，並且隨著時間的推移，她的父母也會看到這一點。

蒂芙妮沒有要求父母支付婚禮費用，而是在市政廳與馬丁舉行私人的婚禮，然後低調地和幾位朋友吃了一頓婚宴。蒂芙妮的父母得知後勃然大怒，從此不再跟女兒說話。

幾個月後，蒂芙妮的父母開始打電話詢問她的近況，可是從未提及馬丁，但至少蒂芙妮已經和父母冰釋前嫌。蒂芙妮將這視爲父母也許已經改變主意的跡象，於是她試圖舉辦一些輕鬆的聚會來邀請她的父母、姊姊和姊夫參加，認爲有另一對夫婦在場可以緩和氣氛。

然而，每次蒂芙妮邀請父母過來時，他們總是對馬丁冷眼相待。這種情形持續一年後，蒂芙妮和父母的關係終於開始迅速惡化。他們每次與她交談時都會貶低馬丁，暗中希望她能結束這場他們認爲是災難的婚姻。馬丁試圖盡力成爲好女婿，但無論他如何表現，蒂芙妮的父母都不歡迎他進入這個家門。他們非常喜愛蒂芙妮那身爲整形外科醫生的姊夫，他們總是稱他爲「醫生」，這使得情況變得更糟糕。

在這些糟糕的聚會之後，蒂芙妮總是爲她父母的行爲表示歉意，但馬丁說她不必爲此道歉。他說他會繼續努力贏得他們的認可，儘管她已逐漸意識到這是徒勞無功的。雖然她努力維持自己與父母的關係，包括淚流滿面的對話、憤怒的對話，甚至威脅斷絕往來的話都說出口了，而最後，蒂芙妮不得不在她的丈夫和父母之間作出抉擇。她選擇了馬丁，並與她的父母斷絕往來。蒂芙妮想到她的孩子可能永遠見不到他們的外公外婆，這令她非常傷心。蒂芙妮只是祈禱，但願她的父母不會阻止姊姊和姊夫跟她的孩子見面。

當成年子女與父母疏遠時，若其中一位父母與子女疏遠，而另一位不是，那麼這對這個家庭來說可能特別令人困擾。儘管於事無補，但至少蒂芙妮的父母對她的丈夫都抱有鄙視之情，彼此還能心有戚戚焉。但請想像一下，萬一蒂芙妮的父母中有一人願意接受馬丁，而另一人堅決反對呢？

這種情況起初看似有些希望，也許那位未與子女疏遠的父母可以在另一位父母與孩子之間斡旋而達成暫時的和解。若這種情形發生，顯然可能出現更持久的和解；但如果反覆嘗試都失敗了，那位未與子女疏遠的父母就會陷入棘手的情況——要支持配偶還是支持孩子的兩難之境。若最終支持自己的孩子，那就威脅到了他們的婚姻；若最終支持自己的配偶，那就危及了他們與子女的關係。

我認識一些家庭，他們這種分裂的情況已經持續了幾年，但始終沒有令人滿意的解決之道。任何陷入這種三角關係的人最終都是不愉快的。家庭治療最初可以幫助化解不愉快的氣氛，但如果子女或那位與子女疏遠的父母繼續堅持己見，那麼無論參加多少次諮商都不會有令人滿意的解決之道。那位未與子女疏遠的父母，其協商解決之道的嘗試很少能持續很長的時間，情況遲早會開始對兩對夫妻的婚姻造成影響。在我所知的大多數情況中，子女最終會與兩位父母疏遠。

有時候，與父母疏遠的子女若有了自己的孩子，便會利用他們來對父母施壓。然而，試圖透過限制孩子與祖父母的接觸來懲罰或索取好處的父母，不僅傷害了祖父母，也傷害了孩子（參閱第八章「如何與孫子女建立情感連結」一節）。若你發現自己處於這種情況，務必要指出這一點。你可能與子女之間的關係緊張，但如果你和孫子多年來關係親密，你與子女疏遠的緊張關係不應影響到你和孫子之間的溫馨，因爲你和他們都值得並且需要這樣的關係。

由於有關疏遠的普遍性和原因的研究非常缺乏且不具說服力，因此很難知道什麼才能使和解成爲可能。一旦子女斷絕往來，悲傷的父母就算怎樣持續嘗試與疏遠的子女聯繫也很少奏效。電話無人接聽、信件原封不動地退回、電子郵件和簡訊石沉大海。疏遠往往不容易補救，因爲它很少是可以化解、遺忘或寬恕的單一行爲的結果。要修復這種裂痕極爲困難。

話雖如此，但也有好消息。在許多情況下，疏遠在幾年後會自然消退，無需父母或子女做出刻意的努力。有時是某個事件將他們重新連結起來，譬如孫子的出生，或家人罹患重大疾病引發足夠的同情心而化解了疏遠；有時疏遠只是隨著時間的流逝而消失。對某些成年子女來說，保持疏遠只會讓人在情感上筋疲力盡。

這是困難的情況，而在這種情況下，耐心是眞正的美德。定期保持聯繫、不要做得太過火，這可能是父母能做的最好的事情。

發展成澈底的疏遠是很罕見的，但幾乎所有的父母都會經歷一段時期，他們覺得自己與子女變得有距離。因爲每個人都在發展和變化，而一個人的心理狀態變化通常會引發他們與其他人的關係變化。舉例來說，你的孩子可能因爲婚姻問題而去看心理治療師，而治療可能揭露了他們與你的關係的某個面向。他們可能不覺得有必要與你討論這件事，但在解決它之前，他們可能不想花太多時間和你在一起。又或者，你可能在工作上遇到困難而不想跟孩子（或其他任何人）說話。關係時而處於自然流暢的平穩期，時而處於感覺不太對勁的階段，這種交替狀態是很正常的。

在艱難的時刻，退一步並問問自己，困難的根源在哪裡。跟你的伴侶、朋友或子女說說你的感受通常是有幫助的，而且坦白說，彼此暫時分開也是有益的。有時甚至只要保持一點距離，便足以讓你和孩子度過艱難的時刻。倘若你和他們談過，但仍無法解決彼此的緊張關係，那麼你可以像這樣跟他們說：「我很高興我們能攤開來談這些事情，但感覺我們好像陷入了僵局。我相信我們一定可以解決這個問題。但與其在這裡捶胸頓足，我們不妨先暫時分開一小段時間，或許這樣我們就能回歸正常。」

4

教育

上大學值得嗎？

在高等教育成本飆升，以及像比爾．蓋茲和馬克．祖克伯這樣的億萬富翁，他們沒有大學學歷也能成功致富的故事被屢屢稱道之際，許多父母和孩子都會想知道是否值得花費時間和金錢去上大學。

若你或你的成年子女正在思考這個問題，那麼簡單的答案是：「值得。」

首先，大多數億萬富翁當初之所以輟學，是爲了建立他們在求學時就展開的事業。他們是在取得成功之後才輟學的。此外，這些成功故事畢竟是罕見的。事實上，世界上大多數最富有的人都是大學畢業生，其中一半還取得了碩士或專業學位。相信自己可以輟學並成爲億萬富翁，就好比你是高中籃球隊或戲劇社的好手，就奢望成爲NBA的首發球員或好萊塢的傳奇明星一樣。

對於家境更一般的家庭來說，在思考上大學的價值時，更實際的問題是：「與什麼相比？」如果你的孩子不上大學，或是還沒獲得學位之前就輟學了，他們將如何利用自己的時間？除非他們從事某項技術，比如電工、水管工、木工（這些行業越來越需要高中畢業後的進一步學習），或是某些高科技工作，比如數據庫管理，否則只有高中文憑的人通常只會進入低薪的職位，而這些職位往往也不會教導他們在追求的職涯中取得成功的必要技能。因此，上大學可能會比高中畢業後立即就業來得好。延遲入學則是另一個問題，我將在本章後面討論。延遲入學是合理的選擇，可以作爲高中畢業後立即上大學的替代方案。但這樣做的價值取決於你的孩子在「空檔年」（gap year）中做了什麼，我後續也會加以說明。

因此，以下是最重要的結論：

從純粹的財務角度來看，上大學是值得的。經濟學家對此已有多次的研究，並且所有的嚴謹分析都得出相同的結論。要獲得財務上的收益，學士學位是必要的。

若要送孩子上四年制的大學，最好確信他們能眞的拿到學位，因爲大約有四成的大學新鮮人最終沒有畢業。而沒有學位，他們的就業前景幾乎就跟沒上大學是一樣的。

輟學是非常昂貴的，因爲你和孩子投入大量的金錢，卻沒得到什麼回報。對於那些累積龐大的學貸並且不得不支付利息的學生來說，情況更是如此。因此，如果你認爲孩子沒有足夠的資源來完成學士學位，最好是先等到你的財務狀況改善了，或是可以鼓勵他們就讀社區大學，他們可以在那裡累積兩年的學分，而這些學分可以在四年制大學裡抵扣。在美國的許多州，社區大學前兩年的學費僅有州立大學前兩年學費的十分之一。此外，許多社區大學都有專案來幫助優秀的學生以大三的身分轉入四年制大學，這些社區大學都會在它們的網站上宣傳這一點。

大學之所以「值得」，還有許多與經濟回報無關的原因。例如你的孩子可能會遇到成為終身朋友的人；可能會有教授點燃他們對某個從未感興趣的領域的熱情；他們可能會發現到自己以前不曾了解的一面，而這些讓他們對自己感到更快樂的事，或許也會令你對他們感到更快樂。若你有幸從大學畢業，想想你從這段經歷中獲得的東西。我敢說，你的清單上會有許多內容是跟你賺多少錢無關的。

大學不僅是為了找工作或繼續深造的準備。同樣重要、甚至可能更重要的目的是，幫助你的孩子培養自知之明、自力更生、紀律和成熟度，這些都有助於他們在生活中獲得成功，而不僅僅是在工作上。事實上，大學所教導的「非學術技能」才是雇主所看中的，因為它們幫助人們與人合作無間、作出決策、尋找資訊、在書面和口頭上流利地溝通、批判性思考，並對自己的工作負責。

父母過分干預子女大學學業的隱憂

幾年前，在我擔任大學心理系研究所主任時，我接到一位婦女打電話來詢問關於申請博士班的事。

「我很樂意跟你談。」我說：「請你簡單地介紹一下自己，以及你對什麼感興趣。」

「哦，」她回答：「不是我要申請。我是幫我女兒問的。」

這是我擔任研究所主任十年裡第一次接到申請者家長的電話。

「好吧，」我說：「請你的女兒打電話給我，我可以和她討論她的背景，以及她可以做什麼來確保她的申請優勢。申請的學生很多，但錄取率很低。坦白說，這個門檻很高。」

「我的女兒很忙，」那位母親說：「所以我才替她處理這件事。」

我解釋說，最好是讓她的女兒跟我直接談，因爲這樣我才能補充重要的細節，並回答她的任何問題。我不想讓這位母親成爲中間的傳話者，這對她的女兒不公平。

「你可以告訴我，」那位母親說：「我會把話轉告給她。」

「對不起，」我說：「如果你的女兒連爲自己做這件事都找不到時間，那麼恐怕她還沒準備好上研究所。」

那位母親掛斷了電話。

我替這位母親的女兒感到高興，因爲她的母親沒有提到她的名字。事實上，這通電話會影響我對於她申請研究所的印象——如果她（或她的母親）眞的提出申請的話。

最近我給全國各地的一些同事發了電子郵件，詢問他們是否有類似的經歷，結果他們幾乎都碰過這樣的事。

「這有什麼稀奇？」其中一位同事回覆說：「我還遇過一位學生帶著她的母親來面試，而這位母親還打算跟我們坐在一起面試呢！」

我大約有四十五年的時間在三所不同的大學進行博士生的面試、教學和督導工作，像這樣的電話在上一代是很少見的。然而，我課堂上的學生多年來並沒有發生太大的變化。他們的能力、成熟度和動機都與幾十年前的研究生沒有多大差異，但他們的父母卻發生了變化。

當我說父母在孩子的教育中參與太多時，我是爲全國的眾多教授發聲。事實上，這對他們孩子的心理發展是極爲不利的。

我理解這些父母爲何會參與這麼多，我也不懷疑他們的動機。可是他們並沒有了解到，無論是給出關於專業的選擇或選課的建議，還是論文交出前的編輯、幫助準備考試、試圖讓孩子的室友或室內環境發生改變，抑或是向教授抱怨成績（是的，這種事確實發生過），他們的幫助造成的損害其實是多過於益處的。我稍後會說明其中的原因。

父母參與度的增加是由許多原因造成的。首先，我認爲今天的父母在子女生活的各個方面都更積極參與。如同我所指出的，他們與子女的交流比過去頻繁得多。再者，現在的父母可能更關心孩子的大學表現，因爲他們擔心孩子是否能繼續求學或找到一份好工作，並在畢業之後維持生計。第三，父母對子女大學生活的參與往往是高中時期的延續，但這通常是不合適的。最後，如今的父母更有可能是「直升機父母」。有些人甚至事事都過問，以至於被稱爲「割草機父母」。他們不再在千呎的高空盤旋，而是下到地面上爲孩子清除障礙。

從孩子一出生，你就必須決定自己要在他們生活的各個方面參與到什麼程度。你必須在希望幫助他們成長茁壯，以及同樣重要的希望讓他們變得獨立、能幹和自信之間找到平衡。好的父母明白，過多的前者將干擾到後者。

父母在孩子的教育方面尤其難以找到適當的平衡。他們希望確保孩子能掌握預期的技能、選擇正確的課程、取得良好的成績，並在標準化考試中表現優越。

大多數的父母都明白，隨著孩子從小學、初中到高中的進步，他們應該逐漸退後，讓孩子掌管自己的教育。現在你的孩子上了大學，你的主要角色是在財務上盡量提供幫助。輟學的大學生中，有四成是因爲財務的原因。離開大學時背負著一大筆學貸卻沒有學位，只會延長他們對你的財務依賴。

除了提供財務援助和每學期一、兩次的校園探望外，你不應該參與孩子的大學教育。你對孩子在做什麼感興趣是很好的——他們在讀什麼、在課堂上和朋友討論什麼，以及他們對自己的發現。但不要試圖管他們的學業。這可能與你在他們高中時期的做法大相逕庭。然而，現在該是放棄直升機式教養，並將割草機放回車庫的時候了。

除非你對孩子所學的專業和學校的特定要求非常熟悉，否則你不會知道該如何指導他們選擇何種課程以及修課的順序。學位的要求因科系而異，甚至在同一科系中，不同專業領域的要求也會有所不同。想專攻神經科學的心理系學生與想成爲治療師的心理系學生，他們可能會有完全不一樣的畢業要求。

學位的要求已變得如此複雜又經常變化，因此大多數的大學都設有專門的辦公室，專門幫助學生弄清楚他們需要修哪些課程，以免到了他們大四的四月，才發現他們缺少六月畢業必修的某個課程。你不太可能知道夠多的資訊來提供孩子準確和最新的建議。你自己三十或四十年前的大學經歷，如今已不再適用——至少在畢業的要求這方面是無關的。

你也不需要採取任何措施來確保你的孩子在課堂上表現良好。他們的學校可能有龐大的學生服務網絡來監測學生的學業表現並主動提供學術的支援。每個學期初所發放的課程大綱中，通常也包含了讓學生知道學校有提供哪些服務、以及如何利用它們的資訊。同時，整個學期教授們也會收到請求，要求他們報告每個班級中每位學生的表現狀況。若有學生在學業上遇到困難，教授們會向學校通報，以便相應的學生服務處可以跟進並提供幫助。

倘若你對孩子的學業表現感到擔心，最好的做法是鼓勵他們在校園尋求適當的協助，因爲這些幫助肯定是存在的。甚至還有專門的辦公室幫助學生發現他們可能不知道的服務。

除了所有的這些支持之外，大學還爲學生提供健康保健和諮商輔導，而且全部都是免費的。因此，請放心，你的孩子的身體、情緒和學業的狀況都有人關注，你不需要參與其中。學校希望他們成功，不單是出於人道的理由，因爲輟學不僅對於學生和家長來說是昂貴的，對學校而言也是非常昂貴的。學校仰賴學生住宿和食堂的收入，而當學生輟學時，宿舍和餐廳就會有空位。

請不要介入孩子申請研究所、法學院、商學院或醫學院的事務，這會使你們雙方都給人不好的印象。更重要的是，你可能會在無意中削弱孩子對自己能在沒有你的幫助下獨自管理生活的信心。

過分干預孩子的大學教育將干擾他們的心理成長，而此時正是他們習得促進獨立所需的人格特質的最佳時機。如果你不能退後一步，讓他們自己想辦法管好在校的生活，你就可能妨礙他們自力更生，如此一來，你也會損害他們在勞動力市場和生活中取得成功的機會。

父母經常會問孩子諸如此類的問題：「你讀這個專業學位有什麼出路？」「爲什麼我們要花那麼多錢來培養你做賺這麼少錢的工作？」「你爲什麼要修那些不是畢業必修的課？」這些都是錯誤的問題。若你在這些問題上嘮叨個不停，你就是在害他們。

我認識上百位大學生在學校的頭兩年主修他們討厭的專業，並且成績往往都不理想，只因爲他們的父母鼓勵他們將大學當作通往高薪職業的跳板。我現在聽到的這類故事比以往還多。當這些學生最終鼓起勇氣面對父母，將專業改爲他們眞正感興趣的學科時，他們都感覺如釋重負。

大學可能是你的孩子有生以來最後一次純粹爲了興趣而學習。這是遠在孩子畢業之前，你就可以給他們的畢業禮物。

傳統大學的替代方案

直接從高中進入大學，對許多年輕人來說並不是正確的選擇。如果你擔心孩子還沒有準備好上大學或者不會從中受益，那麼還有其他幾種選擇值得考慮。

有四種高中畢業生可能應該考慮在高中畢業後做其他的事，而不是立即上大學。其中一個族群是家境拮据的學生。如同我在本章前面所說明的，如果他們無法負擔完成大學學業的費用，那麼上大學就沒有意義。

第二個族群是那些負擔得起、但在學術上準備不足的學生。大約有一半的新生至少需要一門補救課程，而需要這些課程的學生比其他同學更有可能輟學。此外，如果他們讀的是四年制大學，他們將花費大量的費用來學習他們應該在高中時學到的東西，而這些課程在公立高中是免費的。因此，他們最好在四年制大學註冊之前，先在社區大學修習他們所需的補救課程，這樣成本會低很多，而當他們上大學時也就能「學有所值」。

第三個族群是那些不太喜歡學校的人。然而，有些高三學生確信自己對大學沒有興趣，但後來又對它產生了興趣。對他們來說，延遲入學會比入學後再輟學更有意義。

最後，有些年輕人想要度過「空檔年」。而度過有趣且有教育意義的空檔年的方式有很多種。孩子可以在他們感興趣的領域裡實習、旅行、創業，或是在他們熱衷的事業裡擔任志願者。

空檔年意味著你最後可能必須支持孩子比原本的計畫更長的時間，但這會是比他們對未來的前景不感興趣時支付大學費用更爲明智的投資。如果他們對上大學無動於衷或是感到無聊，他們將學不到什麼東西或成績不好，甚至可能輟學。

許多家長擔心延遲入學的學生會改變主意而不再上大學，因此，你應該確保你和孩子對這個「空檔年」有共同的理解，這樣你的孩子才能有效地利用這段時間。對於一個確定在這一年結束後就要上大學，並且已經擬定好周全計畫的人來說，這只是一段離開學校的時間，因此，空檔年不應該用來刷抖音或玩電子遊戲。

大學通常對利用空檔年的學生有好的評價，只要他們確實有效地利用了這段時間。申請到大學後，請求延遲入學也是可能的。近年來，學校已經習慣了這種情況，並且已經使延遲入學的程序變得更簡單。一些學校會自動批准延遲入學的請求，其他學校則要求提交空檔年的規劃。

對於那些想要完全避開傳統大學的人來說，「技職學院」是可行的替代方案。這些機構以前稱爲「職業學校」，是專門爲那些想要接受特定的職業培訓、但不想學習其他學科的人所設計的，而正規大學要取得學位通常還必須學習其他的學科。不過，對自己未來的生涯還不確定的孩子來說，技職學院並不是好的選擇，因爲技職學院提供的教育是特定職業的專業技能，萬一後來發現自己想做的是廣播，那麼讀完一年的烹飪或刑事司法課程並沒有太大的幫助。

許多技職學院提供高質量的職業培訓，但許多其他學校藉由不實的承諾誤導學生，聲稱只要讀他們的學校就能保證有高薪的工作，因此要避免那些收取高昂學費、提供少量或沒有任何紓困援助、對學生畢業後的出路作誇大的承諾、以及沒有經過合法專業機構認證的營利性學校。一些學校聲稱自己已經獲得認證，但其實它們的認證是來自虛假或不存在的機構，因此在預繳學費之前務必要調查清楚。你所在地的州教育廳可能會提供相關的資源，來幫助你判斷該學校是否合法。

要避免那些錄取率過高、或是不提供該校學生完成課程的比例以及其所培訓的職業就業率資訊的學校。在下定決心前，先檢查一下當地的社區大學是否有提供學費更低的相同培訓（一般來說應該都有）。許多社區大學設有爲期兩年的課程來爲其畢業生做好特定職業的準備。其中一些課程會安排畢業生進行學徒培訓，並且通常是經由工會認證的，而這將帶來收入豐厚的全職就業機會。

對於那些希望有組織化的體驗、能培養紀律和責任感的年輕人來說，從軍是不錯的選擇。軍人起薪雖然低，但入伍後有免費的食宿、服裝、醫療保健、以及可以抵扣大學學分的上課機會。退伍後還有各種福利，通常包括就讀傳統大學的大部分費用（包括學雜費和生活費）、協助買房、退休福利，以及來自退伍軍人健康管理局的終身免費醫療。如果你的孩子大學畢業後決定從軍，他們可以申請軍官候補學校，該校會爲他們準備好高薪的領導職位。各服務部門的軍事招募人員都很樂意提供關於退伍軍人福利的完整資訊。

許多學生已經熟悉傳統大學的最新替代方案：線上課程。在疫情大流行期間，有些人發現這些課程缺乏吸引力並令人感到孤立；但對其他人來說，由於各種原因，這些線上課程非常適合他們，於是許多傳統大學也開始提供完全在線上進行的學位課程。有些大學完全是在線上運作的，有些課程則是按照預定的時間在線上教學，就像面對面上課一樣，並且通常還提供與其他學生即時討論課程教材的機會（稱爲「同步」課程）。其他的課程可以隨時進行

（「非同步」課程），或是兩者的結合（「混成」課程）。

線上課程有其利弊。它的優點是靈活性，可以在任何地點進行學習，而且也可以安排非同步課程來適應個人的生活方式，這對於在職的進修者來說非常方便。另一方面，相較於傳統的面對面教學，許多學生可能更難自律地完成線上課程。他們可能會從與老師和同學的面對面互動中受益更多。因此，線上課程可能更適用於獲得特定的技能或知識，而不太有利於思考能力和個人的發展。

與技職學院一樣，線上學校也有合法的和不可信賴的。因此在註冊之前，一定要先仔細研究線上課程的資格和聲譽。要找那些獲得地區或全國認證的線上學校，並且完成其課程後可以在其他的教育機構抵扣學分，包括那些提供傳統課程的實體學校。同樣的，向你所在地的州教育廳查詢該線上課程是否值得信賴。

以上所有的選擇都是傳統大學的可行替代方案。我通常不會推薦高中畢業後直接找工作，因爲現在沒有大學學歷的人很難找到收入豐厚、有長遠機會的工作，而大多數可選擇的工作都是不理想的，並且很難靠那些微薄的收入維持生活。若有親朋好友願意給你的孩子好的工作，那很好，但我不建議你的孩子只帶著高中文憑到處找工作。

大學生返家所引發的親子衝突

無論你的孩子是去傳統大學還是選擇走其他的路，如果他們離家在外，回家時可能會緊張起來。

梅蒂森經過從校返家的漫長路程，終於將車子開進家裡的車道而鬆了一口氣。她期待著在家度過春假、享受在泳池旁的燒烤、隨時可以打開滿滿的冰箱的便利，以及可以睡到下午的悠閒。她也很期待和高中的朋友聚會，其中一些朋友已經很久沒見面了。

梅蒂森在埃默里大學的宿舍裡有很多室友都從亞特蘭大開車過來，並且就住在離梅蒂森家不遠的戴通納海灘市。她很興奮大學和高中的朋友能齊聚一堂，並且特別期待將她的新男友詹姆斯介紹給大家認識。詹姆斯將在假期的最後一個週末過來陪梅蒂森。對他們來說，兩人能睡在一張大雙人床上是一種奢侈，他們都渴望著那一天的到來。

然而，梅蒂森的父母卻另有安排。他們自從一月以來就沒見到女兒了。梅蒂森的父母都各自挪開工作，好讓他們能在梅蒂森的假期期間有更多的空檔。他們只是想當然地認爲女兒會花很多時間陪他們，例如和母親打打網球、和父親一起在下午跑跑步、悠閒地在泳池旁休息，或是晚餐後全家一起看電影。

梅蒂森一踏進門，母女倆就是一陣擁抱。接著，梅蒂森上樓到她的臥室，一切擺設都和她住在家裡時一樣。她將行李箱放在床上，換上泳衣往外面的露臺走去，看到她父親正在清理烤肉架。父女倆擁抱了一下，他微笑地看著女兒跳進泳池游了幾圈，然後爬上充氣筏閉上了眼睛。

大約一小時後，全家人圍坐在室外的餐桌旁。梅蒂森坐在父母中間，他們手拉著手做餐前禱告，這是他們家的慣例。

父親在鬆開她的手時，盯著梅蒂森的手腕看了一眼。

「那是什麼?」他問道。

「這是小鳥的刺青。我刺這個圖案是因爲它象徵自由，能飛向任何你想去的地方。」

父親對此嗤之以鼻。「自由，是嗎?」他重新倒滿了酒杯，正要說上大學要花多少錢之類的話，他的妻子打斷了他。

「哦，我差點忘了！梅蒂，」母親喚著女兒的暱稱，說道：「下週四晚上把時間空出來。我們邀請一些朋友過來喝兩杯，他們等不及想要看看你。」

「呃，」梅蒂森說：「可是詹姆斯那天晚上要來耶，我們都一個禮拜沒見面了。」

「歡迎他加入我們，梅蒂，」父親說：「我相信大家都會很高興見到他。」

事實上，梅蒂森已預訂好城裡的一家浪漫小餐廳來慶祝她與男友的再次相聚，但她實在太累了不想和父母爭論，打算明天早上再提這件事。

整個情況就從這裡開始越來越糟。梅蒂森的父母拒絕更改派對的日期，於是她不得不把預訂好的餐廳取消。她的父母抱怨他們都沒有機會見到她，因爲她每天都睡到下午，晚上又和朋友出去玩，而其中一些朋友還會回到他們家，繼續喝到凌晨兩、三點。這些朋友喝多了又會大聲喧譁地吵醒她的父母，這讓他們更加惱火。有幾次，大約下午五點左右，梅蒂森會臨時告訴他們，她晚上不回來吃飯，晚餐不必等她。

於是在梅蒂森返家後的星期三，母親決定要跟她談一談。

「你高興來就來，高興走就走，」她母親說道：「你把家裡當作旅館嗎？」

「拜託，媽，我只是不習慣做什麼都要按照計畫來，連去哪裡都要報告。這感覺很奇怪耶，好像我還是小孩子一樣。」

「你這個禮拜不是住在宿舍，你爸和我希望你對我們多尊重一點，也多關心一下你的弟弟們。整個禮拜你幾乎都沒和他們說過話。不過這也難怪，你光是睡覺、跟朋友出去、發簡訊，還有和詹姆斯聊天就不知花了多少時間。」

梅蒂森板起臉孔。「這本來就是我的假期呀！」她心想。

「說到詹姆斯，」她母親說：「我已經幫他把客房整理得乾淨又舒適了。」

「哦，謝謝，但其實根本不用呀。我們會睡在我的房間。」

「門兒都沒有！在這個家不行。」

「你剛剛還說這也是我的家。不管怎樣，反正你也知道我們在學校早就睡在一起了。這有差嗎？」

「當然有差！你在學校可以自己做主，但在這裡，你爸和我說了算。」

梅蒂森沒有爭辯。她知道自己可以在父母入睡後溜進客房，或是詹姆斯溜進她的房間，然後在父母起床前再悄悄地離開。雖然她不喜歡偷偷摸摸的，但她不想再一個星期沒和男友一起睡了。

大學生和他們的父母對於從學校返家的預想情況往往有很大的落差，但他們的觀點不同是可以理解的。大學生已經習慣了幾乎完全獨立的生活。有些人在離家前對此會有些緊張，尤其是那些以前不曾離開家生活的人。然而一旦他們克服了剛開始的課堂焦慮、交了新朋友、發現自己能將事情處理好，並且品嘗到獨立自主這種新滋味，就很難再回到過去的生活方式。

他們有意或無意間還有一種強烈的渴望，希望向父母展示他們已經變得多麼成熟。大學生回家時經常會帶著新髮型、穿耳洞或刺青，以及新的成年人習慣，比如喝馬丁尼酒，或是對爵士樂、獨立電影或異國風味的食物產生新的偏愛。他們希望父母看到，離家時還是十幾歲的孩子，現在已經是大人了。他們希望被當成大人來對待。

父母往往會對這些變化感到刺眼。他們可能預料到這種事會發生（也許是想起自己大學時的變化），但抽象的預料和親眼目睹畢竟是兩回事。對他們的孩子來說，成爲大人是他們期待已久的事。可是，許多父母卻一直擔心這一刻的到來。

已經見怪不怪的是，大學生返家後爆發的許多衝突，往往都是因爲孩子希望被當成大人來對待，而父母不願意、甚至拒絕這樣做所造成的。

這些爭論通常涉及到子女在高中時所要遵守的規則，而現在成年子女認爲這些規則荒謬得不合時宜，例如要遵守宵禁、參加所有的家庭聚會（或凡事都要事先告知）、必須隨時向父母報告自己的活動、安排和行蹤。父母可能認爲只要孩子還住在他們的屋簷下就要遵守這些規則。這並不一定是父母想要彰顯自己的權威。儘管孩子已經上了大學，但他們仍喜歡孩子的陪伴，並爲他們的安全和幸福操心。許多父母非等到確認孩子安全回家後，才有辦法安心地入睡。

此外，他們還可能爲性關係、飲酒和吸毒的事爭吵。上了大學的孩子可能認爲自己的新身分有權公開地從事這些成年活動，就像他們在大學裡一直在做的那樣。雖然法律規定未滿二十一歲的人不允許購買菸酒和大麻，但這些法律在大學校園裡很少強迫執行。畢竟要禁止那些對一半學生非法、但對另一半學生合法的活動是非常困難的，更何況這兩邊的學生還混在一起住宿和社交。而無論是體育賽前的車尾派對（tailgates party）或室內派對，學生都不必出示身分證。

相互尊重並共同解決問題

父母其實不希望被提醒一個事實：他們的孩子現在已經是大人了，或至少正在成為大人。他們可能因此感到開心和自豪，但也可能因此感到悲傷，覺得自己老了或不再重要了。他們可能知道孩子已經有了性生活，但不想在隔壁的房間聽到那樣的聲音；他們可能知道孩子喝酒，但不想看到他們喝醉的樣子；他們可能懷疑孩子吸大麻，但不想聞到它從窗戶飄進來的味道。對孩子來說，他們可能會覺得何必那麼虛僞呢？但這是可以理解的。

如果你希望孩子能繼續回家度假，並且假設他們也希望這樣，那麼找出大家都能和諧相處的方式就很重要。倘若你能以開放的心態、靈活性，以及了解這些衝突其實不是由於那些具體的問題，而是你和孩子對於他們長大成人的感受差異所造成的，那麼大學生返家將會變得順利許多。

這趟返家之行結束時，梅蒂森擁別她的父母，然後上了車。她從車道退出駛向街道的那一刻，每個人都鬆了一口氣。

「唉，這孩子還眞可愛。」轉身回屋時，梅蒂森的母親對丈夫挖苦地說。

與此同時，梅蒂森正與早上就離開的男友透過免持聽筒聊天。「我剛從監獄逃出來了。」她笑著說：「說眞的，我覺得大家都很高興彼此都解脫了。」

回到學校後，梅蒂森和她的父母都沒再提起這次返家的事。但那一年的六月，就在她暑假返家的幾天後，梅蒂森的父母表示想要和她談一談。

「我想討論一下我們對你今年暑假在家的期望，」她母親說：「這樣我們就不會像幾個月前那樣發生誤會。」

「當然，」梅蒂森說：「只是我們也要談談我的期望，好嗎？我是說，我也有一些事想和你們說。」

「好吧，」她的父親說：「你要先說嗎？」

「其實，我有一個建議，」梅蒂森笑著說：「這學期上的商業課，我們花了幾週的時間討論小組決策和解決衝突。其中一個非常棒的方法是共同協商。教授將班上的同學每三人分成一組，並給我們一些情境來討論，那些都是眞實發生的問題。其中有一個情境是，餐廳員工總是在爭吵如何將小費公平地分配給服務生、清桌員、接待員和調酒師。」

然後她描述了一種類似我在本書前面提到的方法「共同解決問題」（參閱第二章「建設性地解決紛爭」一節）。「我們的教授說，這種技巧也可以用來解決家中的爭執。我們可以試試嗎？」

她的父母同意嘗試一下。

「但在開始具體討論之前，我有些話想說。」梅蒂森說：「我對去年春假的事情思考了很多。我認爲有一部分的問題是，我已經習慣了獨立和成年人的生活，而我覺得你們很難接受這一點。我依然是你們的女兒，但我已經不是青少年了。我認爲這有點讓你們感到抓狂。」

「看來，你也從心理學課中學到了一點東西。」她的父親笑著說：「我們該躺在沙發上嗎？」

「這不是開玩笑，老爸。而且說眞的，我學到的東西是從朋友的交流中來的，而不是心理學課。不是只有我們家在處理這個問題。」

梅蒂森講完過程後，她的父親拿來一本記事本，然後三個人在廚房的餐桌邊坐下來。每個人都提出一個具體的問題，而梅蒂森建議他們先限定在幾個問題上來熟悉其解決的模式。母親想討論的是家庭聚餐，父親提到了梅蒂森和她那些朋友在深夜嘈雜的聚會，梅蒂森則是提出了與男友同床睡覺的問題。

他們依次討論每個問題來得出可能的解決之道，並將它們列在記事本上。討論完畢時，每個難題都有四到五種解決方案。接著，他們討論每個可能的解決之道，並表達了他們各自認爲的利弊。

大約還不到一個小時，他們就得出一些大家都同意嘗試的計畫。梅蒂森每個星期日及至少另外兩天要與家人一起吃晚餐；若當天有其他安排的話，必須在中午前告訴她的母親。此外，她也同意將深夜在泳池旁舉辦的狂歡派對限制在星期五和星期六晚上，並在午夜之後將音樂聲關小；或是將派對移到其他地方舉辦，只要開車的人不喝酒或吸毒。梅蒂森的父母也表示，只要她和男友謹慎低調些，便可以睡在她的臥室。

那次暑假又發生其他衝突時，梅蒂森和她的父母用同樣的方式得出可行的解決方案。隨著時間的推移，當他們都更了解彼此的期待，相處時的爭執就變得更少了。

倘若你的孩子前幾次回家的親子互動及相處不如你希望的那般順利，不要認爲這種情況會一直都是如此。請試著用「共同解決問題」的方式來建設性地解決分歧。起初這可能感覺有點不太自然，但隨著你經常這樣做，就會變得越來越得心應手。

知道如何建設性地解決衝突會有很大的幫助。此外，隨著你們每個人越來越習慣孩子從青少年過渡到成年人的過程，他們就會越覺得不再需要展示自己變得多麼成熟，而你們也會更加接受他們性格上的改變和變化。大多數的家庭發現，大學生每年返家的情況都會因此變得更可預測又更少爭執。

5

財務

提供資助前需考量的事項

當今的年輕人比以往任何一代都更有可能在完成學業後，還需要從父母那裡得到金錢的援助，這主要是因為住房成本上漲的速度遠高於薪資，特別是在那些吸引這個年齡族群的城市。如今，更多年輕人在大學畢業後選擇繼續升學，這通常也表示他們在財務上必須繼續依賴父母。由於高薪工作的入門門檻競爭越來越激烈，很多人不得不接受收入無法應付生活成本的情況。結果，許多剛畢業的學子背負著每個月都必須還款的龐大學貸。基於這些因素，如果孩子向你尋求金錢的援助，你不該感到驚訝。

一旦孩子的大學時代結束，最有可能引起你和他們之間緊張情緒的話題就是金錢。如同我在第一章所指出的，人們大約在三十歲左右會再次加深想要離開父母獨立的渴望。而在這個年紀，對父母的經濟依賴可能會使他們覺得自己尚未完全成年。父母肯定比較希望自己不必在經濟上援助孩子，然而這種情況往往是避免不了的。

當今年輕人面臨的成年過渡期是漫長又所費不貲的，因此將任何尋求經濟援助的要求放在這樣的背景下來看尤爲重要。他們的這種發展軌跡已是當今的常態。我已說過這一點，但還是值得再次重申：你不能用你自己的經驗相比來評價孩子的進步——無論是在財務上還是在其他方面。因爲你在孩子這個年紀時，當時成爲自給自足的成年人所需要的時間和金錢要少得多。

並非所有的父母都有能力在財務上幫助孩子，但如果你正在考慮這樣做，請記住四個重點以避免日後的誤解：

- 限制你的援助金額，以確保你不必擔憂自己的財務狀況。你的金錢援助不應影響到你的健康、幸福或退休。
- 預先明確地指定你的援助用途，並表示你相信孩子會按照這個方式使用這筆錢。
- 明確地告訴他們，你的援助會持續多久。這個期限可以隨時更改，但你提供援助時應考慮到孩子的財務狀況可能隨著時間而改變。比方說，讀完法學院時需要幫助的孩子，一旦被律師事務所聘用就可能不再需要你的援助了。

• 讓你的孩子知道，你希望他們會在不再需要（或不需要那麼多）幫助時告知你。

提供財務支援，與給孩子關於預算、消費和儲蓄之類的財務建議是兩碼子事。在這些問題上，最好等孩子主動請求你提供意見時再開口。除非孩子要用你給他們的錢做出不智之舉，否則不要輕易地給予意見。在這種情況下，你可以告訴孩子，如何使用這筆錢是他們的選擇（參閱「如何過問金錢的用途」一節），但他們不應期待你會承擔他們的損失。

你能提供多少援助顯然取決於你自己的財務狀況。但除了決定從自己的收入或儲蓄中提取多少錢之外，你還必須考慮其他的問題：你援助的金錢是送給他們的，還是借給他們的？你的援助將持續多久？以及你的援助是否取決於這筆錢的使用方式？若你有多個孩子需要幫助，你可能會根據他們各自的不同需求，而對每個孩子該給予或借出多少錢有不同的結論。盡量公平地對待每個孩子。可是別忘了，公平並不表示等量。因爲擔任小學教師的孩子，可能比擔任企業顧問的孩子需要更多的幫助。

若你的金錢是與伴侶共有的，那麼無論他們是否是孩子的父母，都應將他們納入決策的各個方面。在向孩子提出任何的援助計畫之前，請確保你和伴侶的意見一致。你不會想要發生對孩子做出承諾最後卻又食言這種事。

避免尷尬的援助方式

對於父母來說，很難判斷他們是否應該主動提供援助、等孩子開口，還是在孩子不發出明確要求的情況下看出他們需要幫助的暗示。有些孩子可能藉由經常抱怨生活費用高昂或自己的工資低微來間接地尋求幫助。你要留意這些暗示性的要求。

主要的問題不在於是誰打開這個話題，而是話題打開後你說了什麼。無論你是主動提供援助、孩子提出請求，還是他們在默默地暗示，此時都不是討論財務責任的時候。當然，如果事後他們向你請教意見，那會是很好的話題，因爲那時候他們更不可能將你說的話解讀爲你對他們的成熟度、能力或責任感的批評。就目前而言，你越是淡然地就事論事，你的孩子就越不會感到尷尬、自我懷疑或對未來產生焦慮。

如果你之前就常給孩子金錢而不需要他們提出請求，也沒有討論他們將如何使用這筆錢，並且你確定他們不會因爲從你那裡拿錢而感到不安，那麼你就應該若無其事地提供援助，就像送孩子任何其他禮物一樣地自然。同樣的，如果你知道孩子只會在他們迫在眉睫時才提出請求，那麼就給予幫助而不要對此大驚小怪。

在其他情況下，你應該更加謹慎及富有同情心地深謀遠慮。以下是你必須問自己的一些問題：孩子向你要錢時總是很難爲情嗎？他們是否好像失去了某些自信？他們在財務上有困難嗎？若有其中任何一項情形，並且你有能力幫助他們，那麼與其等待孩子開口請求援助，不如將他們拉到一旁說：「你最近好像手頭有點緊，我們來聊一下怎樣可以稍微幫忙你一點。」使用表明你認爲這是暫時的（「最近」）和規模最小化（「一點」）的措辭，這些婉轉的說法可以減輕孩子的壓力。

若孩子一直在提出暗示，而你認爲這是他們向你求助或試探你的方式，那麼也可以直接問他們是否在財務上遇到了困難。但要確保你提問的方式不會表現出惱怒（「如果需要錢，你爲什麼不直接向我們要？」），或證明你是對的（「我不是早就告訴過你，這地方你負擔不起嗎？」），抑或讓孩子感到灰心或失敗（「我想單憑你的收入，是不可能在這個城市過上好日子的。」）。相反的，你應該表現出你理解他們的暗示，並願意接受他們這種間接的提醒方式（「嘿，我明白你的意思。我們能做些什麼來幫助你呢？」），如此一來，他們就有選擇的機會——他們可以說自己能應付得來，或是對你的任何幫助表示感激。無論是哪種情況，你都消除了他們必須直接向你開口的尷尬，而這可能是他們想要避免的。

另一種減少尷尬的方法是以貸款的形式提供你的幫助，而不是白白地送錢給孩子。這表示你認爲這種情況只是暫時的，你的孩子仍在未來能自力更生的事業上努力，同時也表明你對他們的責任感和償還能力有信心。貸款的形式比白白地送錢更不可能威脅到他們正在發展的自主意識，因爲它肯定了他們對你的經濟依賴不會永遠持續下去的信念。

如果你決定貸款給孩子，除非是非常小的金額（比如月底因某些意外開支才借的錢），否則最好留下書面紀錄以避免將來的糾紛。若你考慮向孩子收取利息，請確保他們的還款負擔不會太沉重，免得他們後來又不得不來找你談別的安排。此外，要求經濟拮据的孩子支付小額借款的利息是沒有意義的，因爲此時並非教導孩子借貸成本這一生活課題的適當場合。

如果你是爲孩子的持續性支出（例如租金）提供援助，那麼你們可以討論是否最好是一次性提供全部的財務援助，還是按照支出的頻率定期支付，例如每個月提供租金的援助，而不是在租約開始時就一次性地援助租金。若你們有人對於能否遵守預算有所疑慮，那麼後一種安排會更好。但無論哪一種情況，你務必要清楚自己打算援助多久的時間。

最後，還有一個困難且複雜的考慮必須單獨討論：你是否有權控制你提供的經濟援助的使用方式。

如何過問金錢的用途

喬恩和蜜雪兒正期待著他們的女兒凡妮莎和她的伴侶蘇菲亞，能來他們位於紐約州北部的湖屋度過一個漫長的夏季週末，那裡的天氣比她們居住的波士頓涼爽得多。凡妮莎和蘇菲亞在大學畢業後決定留在波士頓，凡妮莎嘗試開一家烘焙坊，蘇菲亞則在協助新移民找到住房的非營利組織工作。凡妮莎每個工作日晚上都在自己的烘焙坊上班，而大部分的早上、下午和週末，她都在市內一間四星級飯店的廚房工作。儘管她只是助理糕點師，但她獲得了很多有價值的食品製備知識來爲自己的烘焙坊做好規劃。

由於餐廳和非營利工作的薪水不高，凡妮莎向她的父母求助，希望他們能在她的烘焙坊開始賺錢之前提供經濟的援助，而他們也同意在這幾年的時間內這樣做。喬恩和蜜雪兒在經濟上頗爲寬裕，他們很高興能幫助這對年輕的伴侶住在原本她們的薪水負擔不起的地方，這樣凡妮莎就有夠大的廚房來進行產品開發。

喬恩打電話來邀請她們時，是蘇菲亞接的電話。「只要你們方便，八月的任何一個週末來都可以。」他告訴她。

「噢，我不太確定，」她說：「我得和凡妮莎商量一下，因爲我們打算在八月去斯堪地那維亞一帶旅行。那是一年中最佳的旅遊時機，那時天氣很好，白天又很長。我會問凡妮莎看看我們能不能改機票，或者我們可以找七月的一個週末去找你們，如果你和蜜雪兒也沒問題的話。」

「好的，那請凡妮莎查看一下航班後給我們打個電話。」喬恩說。

喬恩打完電話回來時，他的妻子正在那面對著湖景的走廊上閱讀。

「她們決定了哪一個週末來嗎？」她問。

「她們沒辦法來。她們打算去斯堪地那維亞一帶旅行。」

「去歐洲旅行?我以爲她們沒錢了。」

「看來不是,」喬恩說:「要不然,我們就當作是犒賞她們去度假吧!能用父母的錢在哥本哈根和斯德哥爾摩旅行一定很愉快。畢竟斯堪地那維亞可不是便宜的地方。」

「也許凡妮莎是希望在那裡找到產品的靈感。」他的妻子說。

「好貴的餅乾。」喬恩喃喃自語地回到屋子裡。

當父母資助成年子女的收入時,其中一個最困難的問題是,他們是否應該過問這些錢的用法。當父母給的錢是用於持續性的月度開支(例如租金或幼兒園費用),而不是一次性支出(例如汽車維修、牙醫費用、或特別去買新電視或新床墊來犒賞自己)時,這個問題就會特別棘手。當你的資助是持續性的時候,你就無法確切地知道那些錢是用到哪裡去了。

你可以將你的資助指定爲特定用途,例如住房,但這些指定是無法強制執行的。凡妮莎的父母資助她們支付租金,而這是凡妮莎所要求的。若她的父母對於她們用這筆錢去度假有所抱怨,凡妮莎和蘇菲亞可以很快地並且誠實地說事情不是這樣的(她們是透過削減食品或服裝之類的其他開支來存下旅行的費用），否則凡妮莎的父母根本無法知道眞相。

在提供金錢援助之前想一下，如果你的孩子被證實比你預想的更愛揮霍，你會有什麼感覺，以及你將如何表達你的擔憂。若你的幫助是完全沒有附加條件的，那麼即使你原以爲這些錢會用在孩子基本的生活開銷上，但最後他們卻花在你看不過去的地方，那也不要多說什麼。然而，如果你的孩子請你幫助他們維持生活，而他們所謂的「維持生活」卻包括許多的奢侈品，那麼你就可以加以過問。你可以說類似「我想知道你是否還需要我們的幫助，或者不再需要我們幫助那麼多，因爲你現在好像過得還不錯」這樣的話，而不提及你擔憂的具體支出。

父母表明他們希望資助的錢如何使用並沒有錯。有些父母會事先明確表示他們的援助是用於哪些特定的項目，例如住房、育兒或教育。至於這些錢實際上花到哪裡去則是記帳的問題。當孩子說因爲房租上漲、托育費增加或他們想繼續深造而需要你的幫助時，你只能相信他們是誠實的。

如果你覺得他們花錢過於奢侈，而你其實可以將那筆錢用在自己期待已久的居家改善之類的事情上，那麼你可以說類似這樣的話：「我在想你是否還需要我們的幫助。你看起來好像維持生活並沒有什麼困難，而我們眞的很需要這筆錢來翻修廚房。」請以一般性的方式表達，而不是質問孩子某筆你看不下去的花費，或是要求看他們每個月的預算。你在經濟上幫助孩子，並不表示他們就不能不經過你的同意而偶爾外出吃個大餐或奢侈一下。

這就是蜜雪兒建議他們夫妻看待凡妮莎和蘇菲亞去歐洲旅行的方式。

「她們這次旅行好像很奢侈，」她對丈夫說：「但她們工作很努力，我覺得我們不應該因爲她們兩年來只去度這一次假而耿耿於懷。何況，我們也不知道她們是不是自己縮減了一些開支來籌措旅費。如果她們眞的是每週省吃儉用來湊機票錢，你還會這樣想嗎？還是你認爲她們節省下來的每一分錢都應該還我們幫她們出的房租？」

「不，我懂你的意思。」喬恩說：「但如果我們自己需要這筆錢呢？我們說幾句話總可以吧？」

「這個嘛，」蜜雪兒說：「如果我們眞的需要這筆錢，我們一開始就不應該幫助她們。而且幸好我們不需要。但如果出現意外的狀況，比如我們發現屋頂需要翻新，那麼我想我們可以跟她們說，我們不得不減少之前的資助。我不確定她們會怎樣度過難關，但我相信她們會理解的。而且我會提前告訴她們，讓她們有時間做其他的安排。」

果然，凡妮莎和蘇菲亞擔心凡妮莎的父母聽到她們要去旅行會有什麼反應。後來凡妮莎打電話跟父母討論回家的日期時，她提起了這件事。

「在決定回家的日期之前，我想先解釋一下我們是怎樣籌到這筆旅費的。」凡妮莎對她的父親說。

「你不用跟我們解釋。」他說。

「我知道我們不用解釋，老爸，」凡妮莎說：「但蘇菲亞和我商量過，我們覺得還是應該說一下。我們不希望你們認爲我們是用你們資助的房租錢來支付這次昂貴的旅行。其實是蘇菲亞的媽媽把機票當成生日禮物送給我們，而我們自己制定了預算，停止買那些非必要的東西來存下食宿費用。當你省下每天喝兩次星巴克拿鐵的錢時，你會驚訝這筆錢累積下來有多麼可觀。」

「蘇菲亞的媽媽眞是太貼心了。」

「哦，天哪！老爸，我們眞的很幸運有這麼慷慨的爸媽。說眞的，如果沒有你們，我們眞的不知道該怎麼辦才好。」

如何協助孩子買房

父母協助子女購買他們的第一間房子，更有可能造成親子關係的緊張。幫助孩子買房會在財務和心理上造成影響，而後者往往比前者更具挑戰性。

財務的部分包括幫孩子支付或貸款給他們支付頭期款，協助計算他們每個月能負擔（以及需要）多少房貸、稅金、保險、水電等費用。此外，父母也可能回答子女對不同抵押貸款選擇的問題、幫助結算成交總額，以及房屋交易討價還價的策略。由於這是孩子的第一間房子，他們對這些事情可能只有一知半解。而這是一個需要梳理龐大細節的情況，第二次看房時可能會發現第一次看所忽略的事情。若你擔心孩子是否會接受你的幫忙，那麼這會是很好的理由。

其他的參與者，如房屋仲介、抵押貸款經紀人和貸款方，也會給你的孩子關於這些事情的建議，但是他們可能有自己的既得利益，而這些利益不一定符合你孩子的需求。身爲可能比孩子更有經驗和更明智的你，可以用比較冷靜的態度來保護首次買房而一頭熱的他們免於被利用的風險。

幫忙付頭期款的幾種方式

直接的做法是幫孩子付頭期款。先評估一下自己的財力。若你願意的話，可以給他們或借他們你能負擔的金額。提前告訴孩子你能提供的最高金額，這樣他們在考慮買房時便能心裡有個底。如果你正在考慮爲孩子共同簽署抵押貸款，請務必三思。別忘了，倘若孩子無力償還貸款，你就必須扛起還款或連帶償還的責任。

如果現在是賣方市場，而在搶標競爭後，房屋通常會以高於要價的價格成交，那麼在你決定要提供孩子多少金援時，就要先考慮到這一點。你可以說：「我們打算給你這個金額作爲購屋的頭期款。如果必要的話，我們可以再提供（某個金額）來讓你在喊價時有競爭力，但這是我們能提供的最高額度了。」如此一來，孩子在與其他買家競爭時就知道他們的上限在哪裡。

根據打算提供的金額，許多父母發現貸款給孩子比送錢給他們更有意義。這是你應該與稅務專家討論的事。父母「贈予」子女會有法律上的限制，超過這個限制可能會影響到將來資產轉讓的稅金。只要不超過這個限額，你也可以將錢贈予孩子的配偶而不用擔心影響到稅金。若你是已婚之人，你和你的伴侶都可以把錢「贈予」你的孩子和孩子的配偶。如此一來，你和你的伴侶可以給這對買房夫婦提供的金額，便是你們任何一人單獨給孩子的四倍。

然而，對於你可以「借給」孩子多少錢卻沒有限制。若你打算借給孩子一筆可觀的頭期款，請在作出具體計畫之前諮詢專家。在美國，「家庭貸款」有貸款規模、期限和利率的法律要求。對於超過一定金額的家庭貸款，美國國稅局會「要求」你向孩子收取利息，不過你可以將利率設定得比當時銀行對類似貸款的利率低很多。美國國稅局爲不同期限的貸款指定了不同的利率，你可以在官網上找到這些資訊。一旦你確定了具體的內容，請書面記錄下來，並確保你和你的孩子保留這些紀錄，因爲將來在稅務方面可能會用到它們。

如果你能借給孩子一大筆錢，那麼這筆錢不僅足以幫助他們支付房屋的頭期款，還可以取代或補充抵押貸款，如此一來，你將爲孩子省下大筆金錢，因爲家庭貸款的利率通常比商業銀行或抵押貸款公司的利率低得多，有時甚至可以低一半。此外，你借給孩子的錢，每個月都會爲你帶來收入，因爲你的孩子必須支付你利息，而這筆收入可能比你把錢存在銀行裡賺的利息來得多。換句話說，相較於銀行或其他貸款機構的抵押貸款，你用貸款的方式借錢給孩子，你的孩子支付的利息會減少一半，而你賺的利息則可能是把錢存在銀行裡的兩倍。若你的孩子希望在稅務上扣除他們支付給你的利息，則應與專家討論如何將貸款文件轉爲抵押貸款。

肯恩和阿曼達有能力以這種方式幫助他們的女兒安妮和她的丈夫道格拉斯。安妮和道格拉斯在堪薩斯市工作，他們有一個學齡前的孩子，另一個孩子也即將出生。新冠疫情大流行期間，他們被迫在家工作——安妮在廚房的餐桌上用筆記型電腦工作，道格拉斯則在他們的臥室裡工作。這使他們意識到，若他們還得持續遠距工作，這兩房一廳的公寓很快就容納不下一家四口了。他們開始在市郊尋找能生活養家、將其中一個房間闢爲辦公室、附帶庭院的房子。這對夫婦已存了十萬美元作爲頭期款，並打算爲剩餘的部分申請抵押貸款。最後，他們找到一棟很滿意、要價四十萬美元的房子。當時抵押貸款的只付息貸款利率約爲5%。

安妮的父母打算幫這對夫妻出五萬美元。而當他們了解家庭貸款後，他們考慮另外再借給這對夫妻一筆錢。當時，他們大部分的錢都存放在利率只有1%的銀行帳戶，並且他們沒有立即使用這筆錢的計畫。（當然，儲蓄帳戶的利率可能隨著時間而增加，我只是用這個數字來說明這個過程是如何運作的。同時也別忘了，如果你需要出售自己的投資項目來借錢給孩子，則可能還必須支付投資收益的稅金。）

由於當時美國國稅局規定的長期家庭貸款利率爲3%，安妮的父母提議以3%的利率再借他們夫妻二十五萬美元，這比安妮和道格拉斯向銀行貸款支付的利息要低得多。他們同意等到這對夫妻出售房子時再還清這二十五萬美元。換句話說，安妮和道格拉斯只需每個月支付六百二十五美元給她的父母，而不是每個月繳納一千零四十二美元的抵押貸款利息，如此一來，這對夫妻每年將省下約五千美元。另一方面，安妮的父母不是從銀行賺取每年二千五百美元的利息（二十五萬美元的1%），而是將從安妮和道格拉斯那裡收到每年七千五百美元的利息。他們將具體的條款寫下來並簽字生效。

分享買房經驗，但不加以干涉

關於買房時出現的其他問題，例如你的孩子能負擔多少、不同的抵押貸款選項、結算成交總額、以及協商購買細節的策略，你的主要角色應該是提問，以確保你的孩子沒有疏漏任何事情。對於從未有過房子的人來說，很容易忘記一些事情，比方說保險費或大樓管理費。結算成交總額也是如此。貸款人後續才會提供具體的細節，但你的孩子在開始買房之前可能不會考慮到這些成本；而在昂貴的房屋買賣中，這些成本可能會出人意料地高。有時候，光是購房的前期成本就能使預算緊繃的夫婦買不起房子。

我不是在建議你對所有的這些事情都進行計算，而只是想提醒你一下，這樣可以使你的孩子不必在那些無法負擔的房產上浪費時間。一旦他們準備好出價，可以在開始議價之前問他們是否需要任何建議。如果他們拒絕了，就別再追問。

關於買房的「非金錢面向」的參與，例如評估社區環境、房子的優缺點、思考未來必須做些什麼來使房子適合居住或加以改善，以及最終是否要出價的決定，可能比金錢的面向更難拿捏。你的孩子可能希望你在金錢方面幫助他們，但在聽取你要買哪個房子的意見時，他們可能會有完全不同的感受。

你在金錢方面的參與，不應該與房屋的選擇方面有任何瓜葛，你必須將這兩者分開。幫忙出錢並不表示你有權利主導這筆錢的用法，也不表示你對最終的決定有任何的否決權。這跟你出錢的多寡無關。

如果你不願意在沒有發言權的情況下幫助孩子支付頭期款，那麼你就得重新考慮是否要提供孩子援助，或是在提供援助時明確表示讓你有發言權是協議的一部分。無論你作出什麼決定，一旦孩子宣布他們的選擇後，不要因爲你認爲他們這樣是錯的而撤回你的援助。除非你打算共同擁有他們的房產，否則你應該是他們的恩人，而不是他們的商業夥伴。

至於尋找房市裡符合孩子預算的房子，你應該先問他們是否需要你的幫忙。有些成年子女因照顧孩子或工作繁忙，他們會歡迎任何人的幫助；其他人則可能更喜歡自己尋找，因爲他們樂於自己發現和找到便宜的房源，或者純粹只是喜歡看房地產的銷售資訊。若你得知即將推出新的建案或有房屋即將出售，告訴他們這些資訊也沒問題。

由於現在許多房地產的資訊都在網路上，孩子可以很快地將感興趣的房源連結發送給你。如果他們這樣做了，除非他們主動請教你的看法，否則不要發表你的意見。他們可能只是興奮地想向你展示，他們考慮的社區中有哪些房子在出售；或是向你展示他們夢想中的房屋，即使它的價格遠高於他們所能負擔的範圍。同樣的，若你想陪同他們參觀房子，請等他們主動邀請你；如果有機會的話，也請接受他們的邀請。有些夫妻可能希望自己先看房子，然後再邀請父母一起參觀，因爲他們想在邀請別人一起來看房子之前，自己先篩選一下。

然而，這一切並不表示在找房的過程中你不能表達任何意見，也不表示你必須幫忙支付頭期款才能發表你心中的想法。事實上，我一直在強調的基本原則是，只在爲了防止潛在的危害時才發表你的意見。但在買房時，這一原則可以放寬鬆，因爲這很可能是他們一生中最大的投資。

如果孩子不接受你的意見，那麼你應該尊重他們的想法。但是你要指出，他們正在作出具有重大影響力的重要決定，其中一些後果是除非他們賣掉房子否則無法改變的，比如他們的孩子要去哪裡上學，或者他們是否會因爲房貸而感到壓力和不快樂。若你自己曾買過或出售過一個或多個房產，那麼你的意見可能會特別有價值。

假設你的孩子沒有明確要求你不要插手，那麼最重要的不在於你是否表達你的意見，而在於你如何表達。最好的方式是提出重點的問題，並以一種讓你的孩子停下來思考、但又允許他們反駁的方式來提出。比方說：「這房間布局看起來很不錯，但你會不會擔心主臥室太小放不下你的大床？是不是應該用卷尺再量一下？」「廣告手冊強調有全新的廚房設備，但根據房屋仲介給你的圖表，可以說幾乎沒有料理檯。對於你這樣經常下廚的人來說，這是很難忍受的。你願意重新裝修這個廚房嗎？」「這附近有很多餐館和俱樂部，你覺得應該在週末晚上來看看是否會很吵嗎？」

選擇自己人生的第一個房子時，通常是受到強烈情感反應的驅使。對於缺乏經驗的買家來說，很容易只著眼在某個一開始看起來特別吸引人的特點上（例如有遮風避雨的走廊、彩色玻璃窗、新潮又時髦的入口、專業的爐灶），以致忽略了那些沒那麼有趣、但更基本的事物。雖然遮風避雨的走廊非常吸引人，但如果孩子買了有嚴重的水管問題、年久未換的電線、地基瀕臨崩塌或屋頂漏水的房子，他們將得花更多的時間及大量的金錢來解決這些基本問題，而不是在走廊上享受冰茶和夏日的微風。若你發現了潛在的問題，但孩子不願聽取你的看法，建議可以聘請一位獨立的專家來提供客觀的意見。同樣的，缺乏經驗的買家可能很快地就會被一些他們認爲是缺陷的地方打消念頭，而你知道這些問題其實是可以輕易解決的。事實上，許多的新購房者得知要解決他們喜歡的房子的缺陷其實並不困難或不昂貴時，都會感到非常的興奮。

這就是爲什麼在幫助孩子購買他們的第一間房時，你可以表現得比其他的情況更積極一些。你可以保護他們不受欺騙，同時又可以保護他們避免作出衝動或短視的決定而購買或放棄某個房子。

與孩子討論你退休後的財務安排：40—70原則

父母可能不必或不想幫助他們的孩子買房，但所有的父母都應該與他們的孩子討論自己未來的財務。如果你還沒有這樣做，通常會推薦遵循「40—70」的指導原則：在孩子年滿四十歲之前、以及在你年滿七十歲之前進行對話。沒有理由你不能在孩子二十多歲時就展開這項討論的某些面向，但你可能應該等到你能可靠地預測自己未來的財務需求時，再與他們深入討論這個話題。

由於需要涉及的範圍可能很廣，與孩子討論你的財務時，最好是透過多次短暫的對話來進行，這樣能保持所有人的注意力並且可以提出問題。你的第一次對話應該非常的一般性，其目的是讓你的孩子知道三件事：其一，你退休後是否有足夠的錢來好好地過生活；其二，你是否需要他們的一些幫助；其三，他們是否可能從你那裡繼承任何東西。這個對話最好是面對面進行。如果不能，你也可以透過電話或視訊進行。不過，不要透過文字或電子郵件處理這個問題，因爲這些媒介比坦誠的對話更受限制，溝通的資訊也會比較少。

若你的孩子希望他們的伴侶也在場，那也沒問題，只要你感到自在就行。如果你有多個孩子，你可以分別或共同與他們見面，看哪種方式更方便。如同我即將說明的，這第一次對話應該避免涉及敏感的問題，比如具體的金額和誰將繼承什麼，這樣你就可以避免強烈的情緒或當場的衝突。

你的伴侶是否也要在這第一次對話中出現，由你和他們來決定。無論如何，你們倆應該事先充分討論你們共同的打算，並確保在與孩子坐下來談時，對要傳達的內容達成一致的意見。如果你和你的伴侶在某些細節上意見不一致，請在與孩子交談之前先解決這些問題。若你打算獨自進行這次討論，請在一開始就清楚地告訴孩子，你和你的伴侶已經對所有的細節達成一致的共識。

對於一般事務，我通常會建議你等到孩子主動提問或請求幫助；但在財務這件事情上，由你主動踏出第一步是非常重要的。他們需要了解你的退休計畫、你的長期財務狀況及其相關事項，但他們可能不願意直接問你。這些問題本質上是敏感的，許多孩子不想問，因爲這些問題會讓他們想到你已經年邁了，而光是想到這個就使許多孩子感到難受、甚至焦慮。孩子可能會對你和你的伴侶在停止工作後的生活狀況有疑問或擔憂。他們可能會想知道，你是否有足夠的保險來支付醫療和長期照顧費用，因爲如果這兩類費用沒有投保，將會影響到整個家庭，包括他們在內。

對於尚未滿四十歲的人來說，退休似乎還很遙遠，但如果你花了很多時間思考和準備你的退休生活，那麼你就有很多知識可以跟孩子分享。畢竟當他們接近退休時，你或許已經不在人世了。讓他們看到你是如何思考這些問題是好的。若他們還沒有考慮過爲自己未來的財務做規劃，那麼告訴他們應該這樣做。眾所周知，要過好退休生活，你必須在出社會工作後不久就開始存錢。

你還應該事先讓孩子知道，如果你或你的伴侶生病或其他原因而無法管理你的財務時，他們可能必須作出的決定。有很大的可能性是，你的一個子女或多個子女會在某個時候都參與其中，所以讓他們知道如果必要時你希望他們怎麼做是很重要的。如果你已有安排，你應該讓孩子知道這個安排是什麼以及如何落實。若你已患有某種可能在某一天使你失去行動能力的嚴重疾病，那麼別等到你七十歲。他們必須在你發生緊急狀況之前，就知道你的財務的基本情形。其中至少必須包括會計師、律師或財務顧問的聯繫資訊，以及你的遺囑、生前遺囑和委託書。

孩子還應該知道你的財務帳號以及如何使用它們的資訊。爲你的孩子製作一份紀錄，但將帳號、登入名稱和密碼分別保存在不同的文件或電子檔中。告訴他們在哪裡可以找到各種財務和稅務紀錄的列印文件，以及如何進入你的電腦上查看重要的資訊，並養成定期更新這些資訊及讓孩子了解最新情況的習慣。若發生必須讓孩子幫你處理財務的情況（例如你因病無法自行支付帳單），你應該讓這一切盡量變得簡單。你可以爲此準備一份文件，其中註明每個月應支付給誰多少錢，以及從哪個帳戶和透過什麼方式支付（支票、信用卡、電子轉帳等），並告訴你的孩子在哪裡可以找到它。如果你的伴侶沒有參與這些事務，那麼做這件事就特別重要，因爲這樣你的孩子才能在必要時幫助他們。

妥善規劃繼承事宜

當你首次提及你未來的財務時，孩子可能會想知道他們是否會繼承你的財產；如果是的話，他們繼承的部分又是什麼。如果這是他們第一次問起，你應該坦誠、但用概括性的措詞（「我想是的」、「可能不會」或「我還不知道」）來回答這個問題。告訴你的孩子，在你做好安排之後，你想要就具體的內容進行單獨的對話。你可能不太願意談這個問題，但是讓孩子知道他們可以從你那裡繼承什麼是非常重要的，如此一來，孩子才能將他們可能會（或不會）繼承的財產（包括貴重物品、房地產和現金），納入他們的短期和長期計畫的考量。若你有多名子女，所有人都需要知道他們可以繼承什麼。

我們都看過關於超級富豪家族在遺產問題上爆發衝突的電影和電視節目，然而無論你的財富多寡，詳細討論繼承的事宜都可能會引發敏感和情緒的問題，特別是當你有多個繼承人時。即使是那些沒有太多財產可以傳給孩子的家庭，也經常擁有具有金錢或情感價值的珍貴物品，例如珠寶或祖傳之物。你可能必須決定你對房子的安排，是要將它傳給一個或多個繼承人，還是賣掉它並分配賣房的錢。就算你不是擁有豪宅的人，你仍可能會擔心孩子對你打算出售他們懷有深厚感情的房子時的感受。

若你尚未對這問題進行深入的思考，那麼現在該是初步決定你將如何分配你的資產給孩子和其他受益人的時候了。你可能已經有一份寫好的遺囑，但如果它是很多年前寫的，那麼你可能必須將這些年來在家庭生活或資產上的變化納入考量來加以更新。若你的資產規模較大或較爲複雜，你應該尋求一位或多位專家的建議。

一旦你作出決定，最好分兩次與家人討論繼承的問題：一次是描述你的初步安排並解釋其背後的理由；另一次是在有機會思考第一次討論所出現的新問題後，提出最終的安排。你可能會在第一次討論中得知，你的孩子對某些貴重物品的重視程度並不如你所想的那樣高，或者他們和其他兄弟姊妹已經談過遺產的問題，並就如何分配你的各個遺產達成了協議。若他們和其他兄弟姊妹已經同意出售你的資產並平均分配，那麼你再操心哪個孩子該繼承哪份資產就沒意義了。

第一次對話是一個機會，好讓你解釋你將某些東西留給某人、或是指定某人在執行你的遺囑中發揮關鍵角色的理由。有可能引發爭議的話題包括：你打算如何將資產分配給不同的家庭成員；你是否打算將任何遺產留給慈善機構或其他非家庭成員；以及如果你比你的伴侶先撒手人寰，那麼你的遺產將如何處理，特別是如果你的伴侶不是你孩子的父母的話。許多理財規劃師會建議請一位財務顧問或律師在場，以回答專門的問題並營造專業的氣氛，從而減少緊張的反應和互動。此外，他們還可以充當調解人，在必要時協助解決家庭成員之間的紛爭。

當孩子認為他們受到不公平的對待時，難免會感到失望、怨恨或憤慨。當發現他們繼承的遺產比預期的少得多、你不會將遺產平均分配給兄弟姊妹、或者你的一大部分遺產將由繼父母繼承時，可能會引發強烈的情緒。這就是爲什麼要用特別謹慎的態度來處理這些話題的主要原因。你甚至可以在展開這部分對話時說類似這樣的話：「我們的一些安排可能會令你感到驚訝，但我們可以談一談來讓你理解我們的想法。若你有任何問題可以隨時提出來。」失望的孩子在聽過你的理由後，可能比較不會那麼憤憤不平。儘管最終的決定還是取決於你和你的伴侶，但讓任何預期的受益人提問並聽取你的理由，將會減少彼此的衝突和誤解。

除了說明你希望如何分配你的資產之外，你還應當討論你的孩子可能扮演的角色，包括誰將成爲你的醫療和財務方面的委託人，以及誰將擔任你的遺產執行者。即使你指定你的伴侶來承擔這些責任，你仍必須決定你的孩子當中誰是下一個接班人，或是他們哪些人將分擔其中一些責任。你可以根據孩子的技能和能力來作出這些決定，因爲你的某個孩子可能在醫學或金融方面具有專業的知識，而另一個孩子可能更有組織能力和注重細節。

若你有多名子女，將你的財富平均分配給他們似乎是比較公平、同時也是避免他們手足之間發生衝突的好方法，而大多數父母也是採取這個策略。然而，有時候將最大的幫助給予最需要的人更爲重要。譬如說，你其中一名子女有健康的問題而需要龐大的醫療費用，那麼將這一點納入考量是有道理的；將一件珍貴的傳家之寶留給一直懂得欣賞它的孩子，會比拋硬幣決定將它傳給誰更有意義。在決定如何分配你的資產時，請記住，公平並不一定表示要平均分配資產。根據孩子們的個別需求而以不同的方式對待他們是沒問題的。你只需要確保你的決定是有道理的，並讓他們了解你的理由。最後，你可能會對他們的理解程度感到驚喜萬分。

在金錢方面，你的孩子需要適應你的需求、偏好和目標。但在愛情方面，情況剛好顛倒過來：你需要考慮他們的需求、偏好和目標。這是下一章的重點，我們將探討年輕人感情生活的典型進展，從性活動到選擇長期的伴侶、婚禮（或類似的慶祝活動）、孩子結婚後你與他們之間的關係變化、與孩子的伴侶建立關係，以及處理這對新夫妻發生的婚姻矛盾，即使它已經進展到分居或離婚。

6

戀愛與婚姻

孩子的性問題與性生活

人生中很少有比某人的性生活、性取向和性別認同更私人的事情了。你的孩子選擇是否與你討論或透露他們性方面的問題完全取決於他們自己，就像你決定是否分享有關你自己的事完全取決於你一樣。每個家庭能輕鬆自在地討論性方面話題的程度各不相同，因此對於這個話題的思考和感受也沒有統一的正確方式。

在大多數情況下，除非孩子主動找你談論或透露一些事情，或者除非你確信他們的行爲具有潛在的危險，比如與陌生人發生不安全的性行爲，否則你應該不要干涉孩子的性生活。如果你的孩子與你同住，你當然不應該去偷窺他們希望保持隱私的親密關係。

根據你與孩子的親密程度，你們或許可以很自在地談論一些敏感的話題，比如他們對性生活品質的擔憂、他們與現任情人遇到的性問題，或者意外的懷孕令他們不知所措。此時，你應該耐心地聽他們講話，並且除非他們問你，否則不要給予建議並予以保密。若你想聽取你的伴侶對於孩子談論之事的看法，也請先徵得孩子的同意。

若你得知孩子曾遭受任何形式的虐待、騷擾或不當的性行爲，可以問他們是否願意和你談談。如果他們願意，請懷著同情心聽他們講述，同時向他們保證發生這些事的責任不在他們身上，並鼓勵他們向有能力對這些事採取行動的人報告。如同我們在過去十年中所了解到的，性方面的受害事件比以前想像的普遍得多，工作場所和大學已經實施一些政策來預防及應對這一問題。如果這一事件對你的孩子造成心理上的影響，建議他們與心理諮商師對談。若你年輕時也遇到過這一類的事，你可以考慮告訴孩子你的遭遇以及你對這件事的感受，這將有助於孩子知道自己並不孤單。

了解孩子的性史，無論是否包括他們受傷害，都讓許多父母感到不舒服。同樣的，你的孩子從事性行爲的事實也可能令人感到不自在。然而，隨著越來越多的成年子女回家與父母同住，許多父母不得不面對這一現實。（就本討論而言，我是假設這位年輕人未婚。你是否在道德上反對婚外性行爲並不是問題的重點，反正無論性行爲發生在何處，你的感受大概都是一樣的。同樣的，如果孩子已婚並且與你同住，他們從事性行爲的事實也不該成爲問題。）

若你的孩子已經離開家裡並且有活躍的性生活，那麼他們希望繼續做這種事是合理的。也許你和許多父母一樣，只要這種事不是在你家裡做就好。或許你有這樣的感覺：你無法確切地說出理由，也知道這樣想沒有任何道理，但你就是想在你和孩子的性生活之間保持更多的距離。

事實上，對於這種感覺有一個很好的解釋：我們不喜歡將自己的孩子想像成性的存在。這就是爲什麼我們可以容忍孩子在某個地方進行性行爲，卻無法容忍他們在家裡走廊做愛的原因。事實上，你的孩子也希望自己的性生活能盡可能地遠離你——如果這個事實能令你稍感安慰的話。

這是極需要耐心和相互尊重的挑戰。人們在二、三十歲時的性活動本來就比其他年齡段來得活躍，了解這一點可能會有所幫助。因此，你的孩子想要有性生活是天經地義的事。期待在沒有其他選擇下只能住在家裡的成年子女，只因你無法在近距離忍受他們的性行爲而要他們保持禁欲是不合理的。

倘若問題不是孩子有性生活，而是你不願想到性這件事，那麼你們可以採取一些方法來讓事情變得更容易。解決的辦法不是堅持要求禁欲，而是期待他們會保持他們性生活的私密性（但私密並不意味著祕密）。只要每個人都尊重彼此的隱私，便沒有理由禁止二、三十歲的成年子女在你的屋簷下從事性行爲。

你不應該把孩子逼到他們必須偷偷摸摸地來，但你應該堅持他們要保持謹慎。若你認爲他們的行爲過於不尊重或冒犯，那就直言不諱地說出來。說出類似這樣的話是沒問題的：「你的性生活是你自己的事，但我們的家很小，牆壁比你想像的還薄，所以請更謹慎一點，或者是去對方那裡過夜。」

孩子的性取向與性別認同

青年期通常也是孩子向父母透露他們的性取向或性別認同的時候。許多人會混淆這兩者。「性取向」指的是對其他人的情感、愛情或性吸引的持久模式（例如同性戀、異性戀、雙性戀等）。「性別認同」則是對自己的性別的內在感知（即男性、女性、男女皆是或男女皆非），而這可能與他們出生時被指定的生理性別相同或不同。「跨性別」指的是其性別認同與其出生時被指定的生理性別（通常是基於他們的生殖器官）不同的人；「順性別」指的是其性別認同與其出生時被指定的生理性別保持一致的人。

某人的性取向與其性別認同無關。一個自認爲是男性的人，可以是異性戀、男同性戀、女同性戀、雙性戀或無性戀；同樣的，一個自認爲是女性、男女皆是或男女皆非的人也可以是這些取向。此外，某人的性取向和性別認同不一定與他們表現出來的性別樣貌一致——無論他們表現出來的是典型的男人、女人，還是兩者的混合。你無法根據某人的外表或行爲，來判斷他們的性取向或性別認同。流行媒體中對女性化的男同志或極度陽剛的女同志的描繪，其實只是一些刻板印象。

性取向和性別認同都不是一種選擇。換句話說，你不能改變某人的性取向或性別認同，就像你不能改變他們的身高一樣。試圖「轉變」某人的性取向或性別認同不僅是不道德、殘忍和無效的，而且還會造成有害的心理影響，包括憂鬱、焦慮和尋短的念頭。同樣的，試圖發現某人的性取向或性別認同的根本原因或理由是毫無意義的，因爲就像我們大多數的特質一樣，我們的性取向受到一系列複雜的基因、荷爾蒙和環境因素的影響，其中一些早在我們出生之前就已經存在了。我們從來不會問別人爲什麼是異性戀，同理，我們也沒理由問某人爲什麼是同性戀。與異性戀的性取向不同、或與出生時被指定的生理性別不同的性別認同，都不是一種疾病、缺陷或問題。事實上，只有當其他人無法接受某人的性取向或性別認同時，才會出現問題。

雖然社會對性取向的多樣性已經有更多的包容，但仍有許多性取向或性別認同「不合常規」的人（亦即那些不符合人們預期他們是異性戀，並認同其出生時被指定的性別的人）不見容於家庭、學校、工作場所和社區，而往往導致心理健康的問題。父母拒絕或不願接受孩子的性取向尤其具有毀滅性，有時甚至會造成親子之間不可挽回的疏遠（參閱第三章「子女的疏遠」一節）。

最後，某人不合常規的性取向或性別認同，並不代表他們不能結婚或成爲父母。今天，同性伴侶可以結婚、收養孩子，並藉由代孕或試管嬰兒來擁有子女。父母無需擔心同性戀的孩子會使他們無法享受當祖父母的樂趣，對跨性別孩子的父母來說也是如此。

父母對孩子向他們透露不合常規的性取向或性別認同的感受各不相同。有些父母認爲他們早就知道孩子的情況，並為孩子能安心地向他們坦白而感到欣慰；其他的父母則對這件事感到驚訝，但也很高興孩子能在這一方面坦率和誠實。有些父母會悶悶不樂，並告訴自己這個階段會過去的；其他的父母則苦惱不已，希望孩子說的不是眞的，並這樣告訴孩子。

一個直到青年期才向父母透露自己性取向的孩子，可能已經等待多年了，因為大多數人在青春期時就已了解自己的性取向。當你不確定父母的反應，尤其當你害怕他們會作出負面的回應時，向父母最終透露自己如此深刻的事情是需要巨大勇氣的。無論你對孩子說出這件事的感覺如何，最重要的是，你要以一種不帶偏見的方式來回應他們。告訴他們，你對他們向你坦白感到多麼感激，而且你知道要做到這件事有多麼困難。

如果你對孩子向你坦白的事情感到困惑、難過、失望或生氣，請試著在孩子向你透露他們的性取向或性別認同時抑制這些情緒。你的孩子花了時間來調整他們對自己的新理解，同樣的，你也需要時間來適應。

無論你的感受如何，你都要提醒自己：你的孩子仍是他們一直以來的那個人。他們並沒有突然變成陌生人，唯一改變的是，你現在知道了一些你以前不知道或不確定的事情。現在你比以前更了解你的孩子，這其實是值得高興的事。

不要試圖回想你錯過的跡象，也不要責備自己沒發現它們。別忘了，某人的性取向或性別認同不一定會反映在他們的外表或行爲上。事實上，你沒有錯過任何跡象，因爲你不能單從一個人的行爲或興趣，推斷出他們的性取向或性別認同。不要對孩子說「我早就知道了」，這樣只會讓他們因爲沒有早點告訴你而感到尷尬。

在孩子向你坦白之後擁抱他們，並向他們保證：你會按照他們的眞實樣貌來愛他們，並且永遠會支持和照顧他們。如果孩子提到他們目前正在與某人交往，告訴他們你想見見那個人，並歡迎在他們感到自在時將伴侶介紹給你。這可能需要一段時間，直到你們所有人都準備好邁出這一步。因此如果你們或孩子的伴侶尚無法感到自在，請不要著急。

在孩子坦白這樣的事情後，父母往往會有一些想問的問題，例如孩子知道他們自己的狀況有多久了，以及孩子是否向其他人公開了他們的性取向和性別認同。只要你採取的是尊重又眞誠的態度，這些問題隨時都可以提問。而且坦白說，如果此時父母沒有提出任何問題，他們反而會覺得很奇怪，甚至可能會將父母的沉默誤解爲不贊同。

若一段時間過去後，你仍難以理解及接受孩子的性取向或性別認同，那麼有一些組織可以幫助各個家庭應對這個問題。其中一個很棒的支持和資訊來源是同志家屬親友會（PFLAG，網址：www.pflag.org）的國家組織，他們在全美各地都有分會。如果你需要輔導或支持，或是認爲對其他面臨相同難題的家庭會有所幫助，請與該組織聯繫。❶

青年期是許多父母意外地發現孩子性取向的時候，同時也是父母更了解孩子對談戀愛對象的品味的時候，不管是好是壞。

孩子的伴侶選擇

如果你的孩子是典型的人，他們可能在高中就談過至少一次認眞的戀愛，因此你可能已經有認識或甚至了解孩子交往對象的經驗。但當他們還是青少年時，你可能會認爲他們的任何戀情都不會持續太久。

跟大學時的對象結婚的機會也不高。目前只有大約四分之一的已婚人士是在大學時期遇到他們的另一半。如今，一般人可能在二十五歲前已經談過許多次戀愛。這並不是說十幾歲和二十多歲的人是放蕩的。他們只是很少認爲早期的戀情會修成正果，因此他們會與交往的對象保持關係，直到其中一人或兩人都不再有感覺，然後他們就會繼續前進。

更常見的是在三十歲前後遇到未來的另一半。如果你有這個年齡段的孩子正在談一段認眞的感情，那麼有很大的可能他們最終會和這個人結婚。根據最近的調查，人們遇到未來配偶的平均年齡是二十七歲——女性略小於此，男性略大於此。

這正是瑪莎和艾倫在認識了兒子的女友後所希望的。湯姆三十一歲時認識麗姿，等了三個月後才將她介紹給父母。那時，這對戀人知道他們已經認眞到可以邁出這一步了。由於湯姆的父母就住在附近，他們會定期與這對情侶見面，四個人都很喜歡彼此的相處。

湯姆的父母對兒子交往的對象通常都很滿意。唯一的例外是湯姆在網路上認識的一名女子。他們交往幾個月後，湯姆在當地一家餐廳將她介紹給父母。四人用完餐後，年輕的情侶

❶編註：在台灣，社團法人台灣同志諮詢熱線協會提供父母三項服務，分別是同志父母諮詢專線（02-23921970）、同志父母聚會及同志父母個別會談。

道了聲晚安就先行離去。艾倫把帳單遞給服務生，加點了一杯加冰塊的蘇格蘭威士忌。「眞是個奇葩！」艾倫一邊品酒一邊對妻子說：「沒見過這麼愛爭辯的人，我都快氣炸了！我是勉強控制住自己的。」

「看得出來，」瑪莎說道：「湯姆肯定也看到了。」

湯姆的父母從來不必對他開口說什麼，幾天後他就不會再和那個女子見面了。儘管有時候父母的反對反而會讓情侶在一起的意志更加堅定，但這種所謂的「羅密歐與茱麗葉效應」是例外，而不是一般的常規。畢竟很少有年輕人會故意選擇一個他們明知道父母不喜歡的戀愛對象。

麗姿和那名女子截然不同，她聰明、優雅又迷人。瑪莎和艾倫能看得出來麗姿有多麼在乎他們的兒子，並且眞的希望她能成爲他們家的媳婦。

當湯姆打電話告訴父母，他和麗姿決定分手時，他們感到失望極了。「這說來話長，」湯姆說，意識到他的父母是多麼喜歡麗姿。「我們相處得很好。只是對我來說，我們好像缺乏足夠的熱情。我們當朋友會比當情侶好。」湯姆的父母說他們很高興認識麗姿，但他們當然也能理解他的感受。

「多可惜啊！」瑪莎事後對她的丈夫說：「她眞是個可愛的女孩。但如果不適合，那就不適合。我相信湯姆的直覺。他是需要快樂的人。我相信還會有其他人出現的，他要認識新的人似乎完全沒問題。」

如果你不喜歡孩子的伴侶

孩子跟父母所喜歡的人分手時，這些父母對自己的意見默不作聲是很容易的；但當父母確信孩子正在犯錯，和他們不喜歡或在某些方面覺得不適合的人交往時，要保持沉默就困難多了。沒有父母願意看到自己的孩子陷入糟糕的關係中，但如果父母開口說話，而孩子不理會他們的意見，他們就可能冒著與孩子漸行漸遠的風險。

毫無疑問地，你已經遇過你孩子生活中一些你不太喜歡的人。如果這個人是你孩子的朋友、同事或他們交往過的人，你通常沒有理由表達你的不滿，因爲孩子會感受到你的不悅，而隨著時間的推移，他們可能不再把你不喜歡的人帶來你面前。因此即使他們仍是你孩子生活的一部分，但他們不會成爲你生活的一部分。然而，當這個人可能是你孩子未來的配偶或伴侶時，情況就很不一樣了，你幾乎肯定必須想辦法與之共存。

若你的孩子還不到二十五歲，並且正在和一個你無法忍受的人交往，除非他們表示打算長期在一起，否則你最好先保持沉默。你應該對這個人待之以禮，但沒有理由說出你對他們的看法。畢竟孩子清楚你喜歡和不喜歡某人時的表現差異。若你和孩子的關係良好，他們不太可能會跟你不喜歡的人結婚。可是如果孩子已經過了三十五歲，那麼你就應該對他們未來可能的伴侶更加關注，因爲在這個年齡段，他們尋找長期伴侶的渴望可能會影響到他們的判斷力。

有時候你知道自己不喜歡孩子交往的人的眞正原因，但一般來說，它往往只是一種難以言喻的不好的感覺。此時，停下來問自己到底是什麼讓你感覺不好是很重要的。跟伴侶或朋友討論你的感受可能有所幫助。把模糊的印象用言語表達出來，然後聽別人對它們的反應，將有助於你更清楚地了解原因。

也許你不喜歡他們的個性，你覺得他們乏味、傲慢、不顧及他人的感受或不擅長社交。

也許他們感興趣的事你不感興趣，而你感興趣的事他們不感興趣，或兩者兼而有之，那麼你們要聊什麼呢？也許他們的種族、宗教或社會經濟背景不是你想像中孩子的伴侶應有的樣貌。也許你煩惱孩子打算娶一個結過婚的人，特別是他們還有前段婚姻所生的孩子，你可能會懷疑孩子是否準備好要成為別人孩子的父母，而這可能是困難的挑戰。也許你能忍受孩子的伴侶，但你無法忍受他們的家庭。

倘若你不喜歡他們的那些原因，並不會對孩子的幸福造成任何威脅，那麼你應該什麼也不做、什麼也不說，否則只會危害到你和孩子的關係。你對他們的伴侶的看法是對是錯並不重要，他們這對戀人之間的感覺才是最重要的。此外，孩子是你撫養長大的，因此他們可能有一些與你相同的價值觀和世界觀。孩子可能也在伴侶身上看到了你所看到的特質，只是這些並不對他們造成困擾，或者他們看到伴侶好的一面大過於壞的一面。也許你只是需要一些時間，來讓你以孩子的眼光而不是你自己的觀點來看待這個人。在形成最後的看法之前，請試著做到這一點。

此外，如果你向孩子表達了你的擔憂，你將會把他們置於兩難之境。你們在一起時，他們該怎麼做？如果孩子的伴侶告訴你的孩子，他們覺得你不喜歡他們，那麼你的孩子該怎麼說？想想看，萬一事情演變成孩子的伴侶提出最後的通牒：「我？還是你爸媽？你只能選一個。」

你可能認爲自己在他們更認眞看待這段感情之前發聲是在幫助孩子，但實際上可能是在幫倒忙。

然而，如果你能指出孩子未來可能的伴侶的某些行爲可能傷及你的孩子，那就是另外一回事了。在這種情況下，你應該關注一些令人擔憂的行爲模式，例如情緒虐待、藥物濫用、風流花心、拒絕工作或不去找工作等。告訴你的孩子，除非他們要求對方並看到對方行爲的持久改變，否則他們不應與這個人發展長期的關係。如果孩子不理會你的建議並繼續跟這個人交往，那你也無可奈何，但如果問題是在這對戀人結婚後出現，那麼你可以協助孩子處理這些問題（參閱本章「當孩子與伴侶發生衝突」一節）。

不過，即使你非常喜歡孩子的伴侶，一旦他們決定結婚，你也會面臨一系列關於婚禮及婚禮之外的新挑戰。

婚禮安排及婚禮之外的挑戰

婚禮應該是喜氣洋洋的場合，大多數情況下也確實如此。然而就像許多涉及大量人群、需要作出許多決定、容易引發強烈的情緒、耗費時間和資源的活動一樣，籌備婚禮也是最容易造成意見不合的時候。

在考慮婚禮時，重要的是要區分婚姻和典禮。婚姻是屬於誰的，這是毫無疑問的，但這對夫妻應該決定他們想要什麼樣的典禮，因爲它反映出他們打算爲自己的婚姻帶來什麼樣的理想和目標。因此，他們應該決定婚禮由誰主持、他們各自該穿什麼，以及他們要交換什麼誓言。然而，你可能面對的一個緊張狀況是，在作出關於婚禮的任何決定之前，應該先釐清這是誰的婚禮——是這對夫妻的？還是他們的家庭的？

這種觀點在不同的文化和世代之間差異很大。在某些情況下，婚禮被所有到場的人理解爲是由一方或夫妻雙方的家庭主持的一件事（或多件事）。在這種情況下，接待的主人是決定這次活動呈現什麼樣貌的人，因爲它反映了該「家庭」的形象。這種觀點聽起來可能有些過時，但在許多的文化中，尤其是那些強調「家庭主義」的文化中，這是一個根深柢固的觀點，亦即家庭比家中的任何成員都來得重要。

在其他情況下，婚禮被視爲主要是反映那對夫妻的場合，是由那對要結婚的人決定這次盛會的樣貌。這是這對夫妻向他人闡述「他們自己」的方式。這種觀點在當今的美國往往被視爲理所當然，但在世界其他的許多地方，這種觀點可能會顯得很奇怪，要不就是被認爲是自私或不尊重。

由於美國是移民國家，不同族裔背景的人通婚也越來越多，夫妻及雙方的父母（或結婚的兩個人）之間觀點上的差異並不罕見。除了開誠布公地討論外，沒有其他簡單的方法來解決這個問題。一個可能的解決方案是舉辦多次慶祝活動，一次由父母主辦和籌備，另一次由夫妻主辦和籌備。

如今並沒有一致的通則來規定由誰支付慶祝活動的哪些部分。傳統的觀點是新娘的父母支付婚禮的費用，新郎的父母則支付婚禮前的慶祝活動，例如彩排晚宴、歡迎晚宴或接待會，以及新人的蜜月旅行。然而，許多家庭並不遵循這種模式。現在的人結婚較晚，自己也有更多的錢，更多的夫妻要不就是自己支付婚禮活動費用，要不就是與父母分攤費用。此外，由於同性婚姻的增加，就支付婚禮的費用而言，區分新娘和新郎已經沒有意義了。

關於如何分攤婚禮和其他活動費用的決定，最好是由夫妻與各自的家庭單獨商量，這樣才可以避免大家發現其中一方的家庭出的錢遠多於另一方的尷尬，如此一來，只有新娘和新郎會知道每個家庭出了多少錢。若你的孩子和他們的伴侶打算這樣做，就不要問另一方的家長出了多少錢，畢竟每個家庭的資源並不相同。即使雙方家庭的收入相當，那些要資助四個孩子的婚禮費用的父母和只有一個孩子的父母，其情況也不相同。如果你願意資助婚禮的費用，這是你給這對夫妻的禮物，但你給他們的不應取決於他們從其他人那裡得到了什麼。

在討論財務之前，這對夫妻應該大致了解他們想要怎麼做，並收集有關各個部分可能要花費多少錢的資訊。然後他們可以分別與各自的家長商量，了解他們可以幫忙出多少錢。隨後這對夫妻可以計算自己能負擔的費用，在必要時修改計畫，並找出如何善用雙方家庭幫忙出的錢。他們可能決定請一方的家庭支付慶祝活動的某些部分，而另一方支付其他的部分；或者他們可能建議把所有的錢都湊在一起，而不具體指定由誰支付什麼。

你資助的金錢要如何使用，是你和這對夫妻之間要討論的事。若你同意的是將這筆錢指定用在某件事（例如婚禮招待會或彩排晚宴），則最好由你和這對夫妻一起決定這件事的細節，除非你們都贊同其他的做法。倘若你們在細節上有不同的看法（例如桌布的顏色），請聽從這對夫妻的喜好，即使只是爲了減少他們的壓力。但如果你們的分歧涉及到重要的事（例如邀請名單上的人），請嘗試用共同解決問題的方式處理（參閱第二章「建設性地解決紛爭」一節）。婚禮慶祝活動與由你決定所有具體細節的派對是不一樣的。婚禮通常是一系列活動的一部分，而其中一些活動是由這對夫妻和另一方的父母共同籌備的。舉例來說，如果你主辦婚禮接待會，而另一方的父母主辦歡迎晚宴，那麼這對夫妻就必須針對這些計畫進行協調。他們可能不希望兩個活動的菜單都是一樣的。

當你與這對新人見面來籌備你所主辦的活動時，無論你是否幫忙出錢，都要保持靈活性。籌備婚禮的壓力是很大的，因此別再給這對新人增添壓力。希望目前爲止你們對彼此都有充分的了解，可以提出大家都能接受的活動安排。你們可以進行初步的對話，讓大家說出各自的想法。接著大家可以花幾天時間仔細考慮，然後再集思廣益是否有辦法滿足每個人的願望——至少在某些部分上予以滿足。

支付婚禮費用並不是造成婚前父母和子女之間緊張的唯一可能來源。事實上，他們在以下方面也可能會有不同的意見：要邀請誰來參加典禮和接待會？當一方或雙方的父母離婚或再婚、且與前任配偶的關係交惡時，該如何處理可能出現的問題（以及財務問題）？要請哪些人來爲新人敬酒，以及按照什麼樣的順序？座位要如何安排？倘若活動是在度假勝地或異國舉行，住宿方面該如何安排？如果情況是這樣，那麼這對新人應該作出初步的決定，並徵求雙方父母的同意。

若你不同意該計畫的某些部分，請說出你的顧慮並提出如何解決的建議。身爲新娘或新郎的父母，無論你是否出錢或資助了多少錢，你都應該發言。務必要在婚禮前做好這一切，這樣每件事就可以在大喜之日前搞定。

你的家庭可能並非來自傳統文化，但所有的父母都應該受到尊重，尤其是在他們的孩子的婚禮上。若你在孩子婚禮的第一天受到委屈，你可能會面臨更大的問題。當婚禮結束，新人從蜜月旅行（如果有的話）回來後，你就要將你的委屈說出來，並立即解決問題。最好讓孩子和他們的伴侶一起出席，這樣每個人都知道你在意的事。

孩子的親密關係怎樣改變了你們的關係

人們經常說，孩子結婚時，你不是失去了他們，而是得到了媳婦或女婿。事實上，這句話只說對了一半。當孩子結婚或進入長期的交往關係時，父母並沒有失去他們，但他們的關係會以一種感覺似乎是失去的方式發生改變。（雖然我用的是「結婚」、「配偶」和「媳婦或女婿」等詞語，但這裡所說的內容同樣適用於已經結婚的夫妻及尚未步入婚姻的情侶。）

當孩子與其他人建立深厚的感情時，他們在情感上會變得更加獨立。青少年談戀愛的親密感與他們之前經歷過的任何情感都不相同。知道男友或女友會愛他們、支持他們，使得青少年感到更有自信和成熟，從而有足夠的底氣獨立於父母之外。而年輕人結婚時，也會出現類似的過程。

我們關係中的變化改變了我們對自己的看法，從而改變了我們與他人的互動方式。與其他人建立新的親密關係，使得年輕人不再那麼仰賴父母的情感支持，導致他們與父母漸行漸遠。這是孩子從父母那裡獨立出來發展自己的自主權的重要部分（參閱第一章「尊重子女的自主權」一節）。如果你與孩子的關係在他們結婚後沒有發生變化，那實在非常令人驚訝。

事實上，若他們在與其他人互許一生後，沒有在某種程度上與你拉開距離，我會懷疑這段關係是否滿足了他們情感上的需要。雖然新的婚姻不該切斷與父母的聯繫，但如果新婚夫婦遇到困難時總是向父母而不是向配偶求助，那可能就不太對勁了。畢竟孩子能投入親近關係的情感能量是有限的，一旦他們結婚，他們應該把大部分的情感能量投入到配偶身上。

在許多方面，孩子和他們的伴侶必須作出他們尚未住在一起之前不必面對的種種決定。其中一些決定很稀鬆平常，例如怎樣布置住處、買什麼樣的車、在哪裡購買日常用品；另一些則具有重大影響力，例如要買什麼樣的房子、養育孩子的方式、去哪裡度假。你可能會得知一些令你感到驚訝的決定，因爲它們似乎不像是你的孩子會作出的選擇，並且與你的建議不同。

在這種情況下，試著別感到惱怒。首先，你不知道這對夫妻根據你孩子的喜好作出了什麼樣的決定。再者，夫妻間的和諧共處比取悅你更爲重要，而這樣才是應該的。與某人共同生活最重要的一點是，允許對方影響和改變你。

孩子的某些意見與你的看法相差甚遠，並不代表他們否定了你的品味、觀念或價值觀，而只是表明了他們承認，在他們的生活中，有一個人的意見比你的更爲重要。如果你偶爾不得不睜一隻眼閉一隻眼，那是你爲了孩子的婚姻幸福所付出的微不足道的代價。最後，你可能會喜歡那些受到孩子的伴侶所影響的決定，並重新思考自己的看法。你可能從不喜歡某種特定風格的家具，可是當你探望孩子並坐在他們的伴侶所選擇的椅子上時，你可能會發現它坐起來其實很舒適，即使它不符合你的眼光。

思考孩子的婚姻對你們的關係造成的影響時，另一個要考慮的因素是你是孩子的母親還是父親，以及他們是你的兒子還是女兒。在許多情況下，婚姻會使母親和女兒更加親近，因爲在大多數家庭中，女性被稱爲「家庭管理員」，亦即是管理家庭內部關係及家庭與外界關係的人。

家庭管理員的目標是確保家庭成員相處融洽。爲達到這個目的，母親在女兒婚後往往都還保持著比父親與孩子、或母親與兒子之間更緊密的聯繫，因爲同爲家庭管理員，你們可能會比其他人更常聊到家庭的計畫和動態，其中有一些是新的，例如管理大家對於如何度過重要節日的偏好。

一般來說，女性打從一出生就比男性更善於社交及具備社交技巧，這在整個生活中都是顯而易見的。女孩通常比男孩更早開口說話，並在語言發展的各個方面（包括將詞語組合成短語和句子）比男孩更加進步。女孩在非語言的溝通方面也比男孩優秀，包括眼神交流、使用手勢和社會性參照（social referencing，藉由觀察他人的表情及其情緒來了解狀況）能力。女孩在社交技能方面的優勢在整個童年和青少年時期都持續存在，並在女性與他人互動的方式上產生形塑的作用，以及在女孩和女人的友誼及家庭關係中發展出更大的情感強度。女性不僅在溝通方面更加出色，在社交上也更爲敏銳、對人際關係也更感興趣，這使得她們成爲理想的家庭管理員。如果你是女兒即將出嫁的母親，你可能會與她們建立起比婚禮之前更加緊密的關係。

倘若你是孩子的父親，無論孩子是男是女，你與已婚的孩子的關係可能會漸行漸遠。你可能會發現，你必須努力才能與孩子恢復以前的親密，譬如打電話聊天或分享一些活動的建議。偶爾與孩子一起單獨做些事情，會比與各自的伴侶一起做事更能加強你們的關係。當然，這些團體活動也很重要，你與孩子單獨相處的時間應該被視爲這些團體活動的補充，而不是替代品。

但如果你是兒子剛娶了妻子的母親，當這個媳婦和親家母跟你兒子談話及發簡訊的時間比你多時，你可能會感到有點吃味。一旦你的兒子和媳婦成爲父母，這種情況只會加劇，因爲孩子的出生會爲你的媳婦和親家母增添另一種要討論和管理的關係。

在孩子結婚後與他們保持連結的一種方法是，與他們的伴侶建立強大的情感聯繫。事實上，與孩子的伴侶維持良好關係的眾多好處之一是，它能加強你與孩子的關係。此外，孩子的伴侶也可能成爲你很好的朋友，甚至你可能會喜歡與你的媳婦或女婿一起共處，就像與你的孩子一樣。

與孩子的伴侶相處

與媳婦或女婿建立良好的關係，對於你與孩子之間的關係品質有決定性的影響，尤其是當你成為祖父母時，這一點就更加重要了。

孩子結婚之後，你與孩子的伴侶之間的關係將進入三個階段：蜜月期、評估期和平衡期。而當你成為祖父母，你與孩子的伴侶的關係則將進入第四個階段，我會在第八章討論這個主題。

蜜月期

在孩子婚姻的早期階段，你與孩子的伴侶的關係跟你其他的家庭關係不同。他們可能還不熟悉你們家的常態、期待或傳統，甚至其中一些他們可能並不喜歡。他們在你的生活中出現並不是你的選擇，而是你的孩子選擇了他們，因此就算你對這個選擇不滿意，你們還是必須相處。此外，你不能因為你們鬧翻或覺得受到委屈而結束與他們的關係，因為任何試圖結束這種關係的企圖，都將對整個家庭產生不愉快及持續性的影響。

父母和媳婦或女婿之間的關係涉及很大的風險。這種關係惡化的代價很高，因此一開始就不能出差錯。

這種動態也同樣適用於對方。在大多數情況下，至少在婚姻的初始階段，孩子的伴侶也希望與你相處融洽。若你與孩子的關係良好，你的媳婦或女婿也會希望你能開心地接受他們成為你生活的一部分，因為對他們來說，這也是一種高風險的關係。

在蜜月期，你們雙方都在行為上表現出最好的一面。你可能會費盡心思地體諒和讚美他們，諸如祝賀他們的成就、在打電話給孩子時順便與他們說說話，或是發送一個你認為他們會喜歡的網路連結。如果你們住得很近，建議偶爾可以只有你們兩人一起出去，這樣你們就能更了解彼此。

事實上，孩子也希望你與他們的伴侶之間的關係能夠順利，因為任何的嫌隙都會影響到他們。當他們感覺到事情開始不太對勁時，他們可能會盡快地設法彌補錯誤（假設他們有覺察到這一點，但通常都沒有注意到）。他們可能會不遺餘力地安排家庭活動，讓你和他們的伴侶樂在其中，並希望這種愉快的體驗能影響你對於你們這段新關係的整體感受。幾個月過去後，當蜜月期結束時，情況可能會變得更加複雜。你與媳婦或女婿的關係開始從大多互不批判地接受，轉變為更謹慎和客觀地評價彼此。你們現在進入了關係的評估階段。

評估期

在高風險的關係中，誤解的代價可能非常嚴重，因此人們會格外地警覺。他們會防止自己做出任何可能令對方感到不悅的事，但他們也會對於對方的冷落和輕蔑（除非這些情況頻繁地出現，否則可能只是無心之過）變得特別敏感。你們雙方都努力在行爲上表現出最好的一面，但與此同時，你們雙方也都在尋找那些被拒絕或不受尊重的跡象。無論是遭受有意還是無心的冷落，若你在孩子結婚後不久就感覺受委屈，那麼你可以私下向孩子提出這個問題，以防患於未然。舉例來說，當你送禮物或請客時，你可能期待收到一封感謝信，但孩子的伴侶可能不習慣這樣做。如果你向孩子提到這一點，孩子就可以告訴他們的伴侶這對你來說很重要。

你和孩子的伴侶都不希望被認爲是你們之間問題的始作俑者。你們雙方最不希望發生的事情就是，你的孩子指責你們其中一人讓對方過得不開心，從而也讓你的孩子過得不開心。如果發生這種情況，你的孩子可能會與你們雙方各自進行尷尬的對話，而其核心的內容是：

「我知道你們開始水火不容，但對我來說，你們找到舒適共處的方式非常重要。否則的話，我們所有人的日子都會很難熬。」

在評估階段的初期，你和媳婦或女婿可能凡事都會小心翼翼，因爲你們都在互相試探及了解彼此的敏感點。你們不可能在關係的初期就知道什麼會惹惱對方，以及對方會對哪些惱怒之事懷恨在心。這是一個人際試錯的過程，而你們其中一人不經意地惹惱另一方也只是早晚的事。

若你覺得自己受到委屈，你應該在與孩子談這件事之前，先跟自己的朋友或伴侶討論這種情況，以確認你沒有誤解或反應過度。在這個階段，最好是若無其事地讓那些偶爾出現的冷落過去，畢竟你自己也有可能犯了一些你沒意識到的錯誤。給這段新的關係一些時間來找到它的立足點。

了解你的媳婦或女婿的眞實樣貌，以及如何與他們進行最佳的互動，對你們雙方而言都是不容易的事，但這對你來說可能會比對方更難，因爲他們還有一位住在一起的軍師（你的孩子），可以建議他們該如何與你相處。在你們晚上見面之前，你的孩子可以事先提示他們該說什麼或做什麼，並提醒避免那些可能引起麻煩的言行。

你不太可能像對方那樣由你的孩子來擔任你的軍師，畢竟你和你的媳婦或女婿本來的地位就不一樣。你和孩子的伴侶都應該友善親切，但孩子的伴侶還必須對你表現出父母應得的尊重。你的孩子不太可能像對待他們的配偶那樣，把你拉到一邊並明確地勸你改變行為。（這在以後或許會發生，但在婚姻初期很少會有這種事。）

在這個階段，有時還會出現一個問題：到底是要跟孩子溝通關於他們伴侶的事，還是要與他們的伴侶溝通有關孩子的事？在尚未確定你與孩子伴侶的關係有多親密之前，若你對他們的行為或健康有所擔憂，你應該先向你的孩子尋求建議，看要如何妥善地處理這個問題。

假設你的媳婦看起來有些沮喪。在你們的關係中，直接向她表達你的擔憂可能還為時過早，因為你還不知道她正常的情緒波動是什麼。你認為是憂鬱的情況，很可能只是她偶爾會陷入的情緒起伏，但你的孩子可以了解及理解這種情況。直接去找她，即使是表達同情，也可能會令她感到不自在或惱火。因此，更明智的做法是告訴孩子你的擔憂。他們可能會解釋說，這沒什麼好擔心的；他們已經發覺妻子的悶悶不樂並和她談過；或者認為你應該直接跟她談一談。總之，你要相信你孩子的判斷。

倘若你擔心你的孩子，請直接與他們交談而不要牽涉到他們的伴侶。唯一例外的情況是，你感覺孩子處於某種自我傷害的危險當中（如果他們談到了很想自我了斷，或是你認為他們有藥物濫用的問題），而你第一次表達了你的擔憂並建議他們尋求幫助時，他們卻沒有作出任何回應。此時，請告訴孩子的伴侶你的擔憂，因為夫妻之間說的話，對方會更聽得進去。

評估期要延續多久，取決於你與這對夫妻相處的時間有多長。而彼此住得近與住得太遠而無法頻繁見面的狀況是有差異的。在頻繁見面的狀況下，人們的行為表現會不一樣，有些人表現得很好，而其他人則不論作為訪客或主人都表現不佳。若你是透過這種方式來了解你的媳婦或女婿，你們可能要相處幾次之後才能完整地了解對方。

透過電話或視訊來了解彼此是可能的，儘管這並非理想的方式。但我反對用電子郵件或簡訊來達到這個目的。如同我們都了解到的，書面表達的觀點往往會被誤解，因為我們理解某人的情緒狀態和意圖等，很多是來自於對方的語氣、臉部表情和手勢。但如果你與媳婦或女婿已經建立了穩固的關係，那麼透過電子通訊進行交流就沒有問題。

平衡期

在各種不同的情況下，諸如在家中或餐廳吃飯、一起外出、假日聚會、長時間的停留、度假，共處足夠長的時間後，你與媳婦或女婿可能已經建立一種不太會改變的關係——除非發生重大的事件，比如離婚、孫子或孫女的出生，或家中有人罹患嚴重的疾病。

事先很難說你們之間的關係會是什麼樣子，也沒有一個「正確」的相處方式。你們可能成爲忠實的朋友，並花很多時間一起參觀博物館、遠足、釣魚、做麵包、看體育賽事或做你們喜歡的其他活動。你們甚至可能建立起一種獨立於你與孩子之外的密切聯繫，你接觸他們可能比接觸你的孩子的頻率更高。只要你跟孩子的伴侶特別友好，彼此認識的時間又足夠長，那麼你們就可以彼此自在地坦誠交談，而不必依靠孩子作爲傳話筒。

其他的父母喜歡在家庭聚會時與孩子的伴侶共度時光，但在這些聚會之外，彼此就不常見面或交談。還有一些父母在見到孩子的伴侶時會表現得很親切，晚餐坐在一起時也很樂意閒話家常，但他們的關係就僅此而已。此外，還有一些孩子會與他們的岳父母或公婆彼此心照不宣地互相容忍，並避免踩到對方的地雷。

也許你們其中一人曾希望你們的關係會比現在更親近一點，但其實父母和孩子的伴侶的相處只要彼此相安無事就可以了。過了足夠久的時間後，你就應該接受事實，而不要試圖去改變任何事情。

沒有任何法律或習俗規定，父母與孩子的伴侶必須互相喜歡。若你們雙方都喜歡彼此，那麼你們是非常幸運的，偶爾你應該告訴他們，你覺得自己多麼有福氣。

當孩子與伴侶發生衝突

所有的夫妻都會吵架，通常每個月會吵上幾次。孩子和他們伴侶之間的衝突很少是需要擔心的，而且幾乎從來就不是你該管的閒事。當你發覺這對夫妻發生不和，但你的孩子或他們的伴侶都沒向你提及這件事，那就不要發表意見。在認眞的長期關係中，兩人的爭吵通常是因爲溝通不良，或是對一些相對較小的事情產生誤解，比如其中一人忘了做某件差事（與傳統的看法相反，夫妻通常不會因爲性和金錢而爭吵）。尤其在關係的初期，亦即蜜月期結束而夫妻倆尚未找到如何建設性地解決彼此的分歧之前，更是如此。看到新婚夫婦吵架通常並不表示他們的婚姻岌岌可危。

如果孩子與他們的伴侶發生爭吵時你剛好在場，或是你碰巧遇到他們爭吵的場面，請你立刻轉身告辭，並讓他們自己解決問題。你可以說：「我覺得你們最好私下解決這個問題。我們再找適當的時間碰面。」下次見到他們或交談時千萬別再評論這件事，否則只會再次引發爭論。

然而一個例外的情況是，如果你看到任何的身體暴力行爲，或是有充分的理由認爲暴力即將發生時。這可能發生在夫妻其中一方或雙方都喝酒的情況下，此時爭吵往往會演變成暴力行爲。如果發生這種情況，你應該盡力支開兩人、勸架制止爭吵，並在事情冷靜下來之前不要離開現場。若你知道家中有槍枝，應該立即撥打家庭暴力熱線（1-800-799-SAFE）並立即離開❷；如果可能的話，帶著夫妻其中一人離開。在美國，超過四分之一的謀殺案與家

❷編註：在台灣，可撥打二十四小時保護專線１１３，進行諮詢與通報。

庭暴力有關，而家中有槍枝則大大地增加了爭吵演變成致命事件的可能性。

當孩子在他們的關係中遇到困難時，他們可能會求助於你。如果是這樣，請不帶評斷地予以傾聽並提供情感的支持。你可以提出問題來更好地了解情況，但別在沒有被問及的情況下給出修復關係的建議。即使在被問及時，你也應該把重點放在協助孩子想出解決衝突的建設性方法，而不是只根據他們的觀點來判斷問題的原因（爭執的雙方通常都有各自的立場）。穩固婚姻的關鍵不在於避免衝突，而是找出如何防止衝突升級及其解決之道。若這是發生在結婚的初期，不要小看這件事（「你們也太小題大作了，哪對夫妻不會偶爾吵個架？」），但也別過度反應。相反的，你要對這對夫妻產生同理心（「這對你們兩人來說肯定很難熬。」），而不是只同情你的孩子。

若孩子的伴侶來找你談他們夫妻之間的分歧（儘管這種情況不太可能發生），那麼你應該像你的孩子來找你談一樣，不帶評斷地予以傾聽並對他們產生同理心。雖然你可能會很想袒護你的孩子，但請別這樣做。事實上，大多數的關係都夠堅固，足以承受偶爾出現的波折。如果孩子的關係從波折中走出來並恢復正常，你會希望與他們的伴侶保持良好的關係。

相反的，袒護你的孩子則可能會導致進一步的衝突。

如果你知道這對夫妻經常鬧得不可開交，可以建議他們嘗試婚姻諮商。若他們的問題是由於頻繁的溝通不良所引起的，這將會特別有幫助。

當孩子的婚姻走不下去

在美國，如今的離婚率比上世紀七十年代末的高峰期要低得多。大多數專家將這種下降歸因於人們等待結婚的時間更長了，於是有更多的時間審慎選擇配偶。具大學學歷的人，其離婚率比較低。在具大學學歷者中，有八成的女性和三分之二的男性至少維持婚姻二十年；而學歷低於大學者，能維持二十年婚姻的人數則不到他們的一半。這主要有兩個原因。首先，夫妻結婚的時間越早，他們離婚的可能性就越大；而人們接受教育的程度越高，他們結婚的年齡就越晚。其次，導致離婚的主要因素之一是財務壓力，而教育程度越高的人通常也越有錢。有意思的是，儘管新冠疫情帶來了許多壓力，但離婚率卻比疫情前更低。許多夫妻表示，他們在危機期間彼此變得更加親近。

若你的孩子已經三十多歲，那麼他們正處於離婚率最高的年齡。不過別忘了，如果他們有大學學歷，無論任何年齡，他們離婚的可能性都不大。

離婚的發生有兩個高峰期：首先是結婚的頭兩年，再者是結婚的第五週年左右。在這五年後，許多夫妻已經一起生活大約七年（這有點證實了「七年之癢」的說法），接著離婚的機率就會逐漸地減少。對於第一個高峰期，我們可以假設是因爲不明智的決定；但對於第二個高峰期，我們尚不清楚其中的原因。此外，即使夫妻基本上是幸福的，他們的婚姻滿意度在最初幾個月也會逐漸下降。大約五年後，夫妻可能會作出決定，要不就接受這段不完美的關係，要不就結束它。

如今的離婚率比上世紀六〇年代以來的任何時候都來得低，但你的孩子總還是有婚姻走不下去的可能性。離婚是充滿壓力的，不過這種壓力只是暫時的，結束不幸福的婚姻遠比繼續維持來得好。因此鼓勵你的孩子在適當的情況下試圖解決問題，但不要試圖說服他們繼續待在無法忍受的婚姻中。此外，三十多歲的人離婚後，大多數都會再婚，並且通常是在四年內。如果你的孩子離婚了，他們可能不會獨自度過餘生。

如果你的孩子真的離婚了，你可能必須在財務、住房、育兒和法律費用方面提供幫助。然而，比起這些幫助，更重要的是你繼續出現在孩子的生活中。離婚通常會導致社交關係的喪失，因爲當人們與配偶分道揚鑣時，他們可能會失去前配偶的家人（他們可能曾經相處得很好），以及一些仍與前配偶聯繫、但卻不再與自己聯繫的朋友。根據離婚後的心理健康研究顯示，來自家人的社會支持對於抵抗憂鬱、悲傷和失眠有重要的緩衝作用，也是幸福感和生活滿意度的重要來源。

如果離婚的子女已爲人父母，他們的孩子可能還很小，較小的孩子因父母離異而產生心理問題的可能性要遠低於青少年。無論你的孫子或孫女有多大，對他們的心理健康來說，更重要的是他們與離婚後的父母的關係品質，而不是具體的監護安排，因此請盡量避免讓孩子捲入憤怒的監護權爭端中。爲了你的孫子或孫女的利益，請試著引導你的孩子和他們的前配偶遠離激烈的監護權之爭，提醒他們雙方的互動方式會影響到孩子的心理健康，同時確保你不會火上加油讓這敵對的情況變得更糟。

有時候，離婚的夫妻會因彼此之間的敵意而忘記了孩子的最大利益。你應該竭盡所能地鼓勵你的子女與他們的前配偶保持良好的關係，並避免讓他們的爭端影響到孩子。暴露在父母的爭吵和他們離婚後的紛爭中，對孩子的心理健康所造成的破壞性影響，要遠遠大於父母的分開或離婚本身，因此爲了孩子而勉強維持婚姻對孩子並沒有好處。如果父母經常爭吵的話，其實反而會對孩子造成傷害。

如果你的孫子或孫女在他們的父母離婚前，與你的孩子有著良好的關係，那麼即使你的孩子沒有監護權，讓他們繼續成爲你孫子或孫女生活的一部分是很重要的。如果你可以透過安排包括你、你的孩子和你的孫子或孫女在內的共同活動來幫助實現這一點，那麼你就應該這樣做。

與你的孫子或孫女保持密切的聯繫，對他們的福祉也很重要。如果你的孩子和他們的前配偶疏遠，並且這位前配偶試圖阻止你與孫子或孫女見面，那麼你就應該跟他們討論這個問題，並說明你認爲與你的孫子或孫女保持聯繫對你和孩子都很重要的原因。看他們是否會改變主意，同意按照你們都贊同的時間表來進行定期的拜訪。如果這個方法不管用，你可以向法院申請探視權，但你必須證明你與孫子或孫女的持續聯繫對他們是有益的。離婚後，祖父母與孫子或孫女相處的權利在各州之間也有所不同。

關於離婚的研究一貫表明，離婚者和他們的孩子（如果他們已爲人父母）所面臨的困難往往只是暫時的，通常在分手後的兩年內就會消失。倘若你因爲孩子離婚而過得不開心，那也可能只是暫時的。隨著孩子和孫子或孫女的情況改善，你的情況也會有所改善。在情感和經濟上支持他們（如果他們有需要並且你負擔得起的話），將有助於他們更快地復原。當你因爲孩子和孫子或孫女所經歷的事而感到苦惱時，別忘了告訴自己：生活在糟糕的婚姻中對他們雙方都不是好事。在大多數的情況下，隧道的盡頭都有光明。

7

發展順利或陷入困境

孩子陷入困境了嗎？

當你看著孩子進入大學、職場和愛情的世界時，你可能會想知道他們是否在完成正規教育、職場上獲得成功、與人生伴侶發展出令人滿意的親密關係的正確方向上前進。由於現在成年的時間表與你當年的情況有很大的不同，你往往很難判斷孩子是否正朝著充實的成人生活邁進。

因此，這些年輕人的父母最常問我的一個問題是：如何判斷他們的孩子是否陷入困境。

當年輕人看起來像是沒有方向感、很難確定他們希望追隨什麼樣的道路並取得進展時，就代表他們陷入了困境。這種情況通常表現爲對學業、工作、人際關係或生活安排的錯誤起步和毫無章法的決策，亦即他們無法在這些方面找到立足點。一般來說，陷入困境的年輕人會感到不安、無助、悲觀、疏離和沮喪。有些人似乎受困在猶豫不決中而無法前進，另一些人則顯得瘋狂、不斷地做出欠缺考慮的決定。無論是哪一種情況，陷入困境的年輕人都無法取得進展。

與陷入困境相反的是發展順利。幾年前，我和同事針對發展順利建構了一套模型，我們稱之爲EPOCH，這是構成這套模型的五個特質的首字母縮寫：

- **投入**（Engagement）：對所選擇的活動保持投入和專注的能力。
- **毅力**（Perseverance）：面對阻礙時的毅力和決心。
- **樂觀**（Optimism）：對未來的希望和信心。
- **連結性**（Connectedness）：與他人建立令人滿意的關係。
- **快樂**（Happiness）：對生活感到滿足。

若你的成年子女具有這些特質，他們就是發展順利。即使他們尚未實現自己的目標，他們也已擁有成功所需要的心理素質。

在一個或多個生活領域中陷入困境，或是在某些方面陷入困境、但在其他方面卻發展順利，都是可能的。我認識一些年輕人，他們不知道該追求什麼職業，但卻幸福地談一場認眞的戀愛。我也認識其他一些青年，他們對自己的工作感到滿意，但儘管他們非常渴望愛情，卻很難找到戀愛的對象。此外，我還認識一些人，他們整個生活都缺乏方向感。

由於陷入困境有客觀的元素，也有主觀的元素（亦即一個人的生活是如何展開，以及他們對此的感受），因此在判斷你的孩子是否陷入困境之前，先檢視一下這兩者是很重要的。不要將自己的擔憂或焦慮感投射到孩子的身上。你在三十多歲時因爲單身而感到不快樂，並不表示你的孩子對於單身也感到不快樂；同樣的，他們想要改變職業，也不表示他們對未來感到悲觀。

此外，孩子沒有按照你認爲的正常時間表前進，也不代表他們陷入了困境。事實上，陷入困境與「晚」步入成年角色是無關的。這更多是不確定性、猶豫和苦惱的表現，而這些是他們努力了解自己的跡象。

正如我所強調的，如今的成年期與上一代人的時間表不同。你可能認爲你的孩子太慢結婚成家，但現在的人們結婚比你成長的時代晚，許多年輕人樂於單身和沒有孩子。你可能很納悶，爲什麼他們在大學讀了六年還沒拿到學位，但現在人們畢業需要的時間比上一代人更長。你可能覺得孩子的事業起步花了很長時間，但在現今的勞動市場上，這種情況並不罕見。看到成年子女搬回家住，你可能會感到不開心，但如果他們是爲了省錢來籌措買房的頭期款，這便是非常合理的做法。

有四個觀察經常引發父母對成年子女是否陷入困境的擔憂：他們似乎花了很長的時間才完成教育，他們沒有遵循明確的職業道路，他們還沒有穩定下來談一場認眞的戀愛，或是他們在獨立生活後不得不搬回家中。但這些並不一定表示他們陷入了困境，可能是某些無法控制的因素影響了他們的情況。這就是父母了解什麼因素可能導致這些情況、以及如何好好地應對它們是如此重要的原因。

學業：延遲畢業

對於父母和子女來說，畢業是人生中最重要的里程碑之一。除了宗教儀式外，現代社會幾乎沒有其他的成年儀式。可惜的是，有些父母無法見證這些里程碑，因爲他們的孩子在完成學位之前就從學校輟學了。其他的父母則被剝奪了這個機會（即使可能只是暫時的），因爲他們的孩子似乎需要花很長的時間才能完成他們的學業。他們可能會懷疑（特別是他們還在爲孩子付學費的話），他們的孩子會不會永遠待在學校。

有些父母擔心這是他們孩子陷入困境的跡象，但這並非總是如此。「永遠的學生」可分爲兩大類：那些需要很長的時間才能完成學位的人，以及那些大學畢業後（不論花多長的時間）繼續就讀研究所或專業學院的人，他們也許是要積累（或試圖積累）多個學位。

花很長的時間讀大學

我們先來看那些花很長的時間讀大學的孩子。

將二十多歲的孩子的學業困境視爲心理健康的問題，會比把他們看成是未按照你認爲的「正確」時間表達到某一里程碑來得有幫助。與其一直盯著時間看，不如問自己：爲什麼你的孩子沒有像其他的同齡學生一樣按時完成學位？你的孩子是否對離開學校並展開新的人生階段感到擔憂？這聽起來像是陷入困境。然而，有些學生確實努力在合理的時間內完成學業，但他們卻面臨著制度上的限制而妨礙了他們的進步，例如學校開的必修課不夠多而造成學生無法按時完成學位。這是完全不同的情況。

你可能會驚訝地發現，經過一個世代的變化，我們一般認爲的平均四年讀完大學，現在已延長到大約五年。能在四年內完成學位的人不到45%，另外有20%的人在五年內完成。有些學生甚至需要更長的時間才能完成學業：大約三分之一的人需要六年或六年多；四分之一的人需要七年或七年多。評估疫情如何進一步影響畢業率和時間表還爲時尚早，但它無疑打亂了許多學生的學習進程，並普遍增加了年輕人的心理健康問題，這些都可能導致學生完成學業的時間超出預期。

需要更長的時間完成大學學業的原因有很多是學生無法控制的，並且不全然表示他們陷入了困境。比方說，疫情大流行期間，許多大學將大多數的課程從面對面的教學改爲遠距教學。許多新生希望體驗傳統的大學生活，諸如住在宿舍、與同學共餐、跟教授面對面會談、以及與同儕社交，於是決定等到疫情恢復正常後再入學。這並不是陷入困境。

我也不會認爲如果學校沒有開足夠的必修課來滿足那些有需要的學生，學生就是陷入困境。這種短缺迫使許多學生待在學校的時間比他們預期的更久。這已成爲許多大學和學院面臨的普遍問題，他們的學生入學人數的增加速度，比他們能聘請更多的教師或找到額外的教室的速度快。如果是由於財務、入伍、成爲父母、或不得不暫時擱置學業或打工來維持家裡的經濟，我也不會將這些學生視爲陷入困境。

要判斷你的孩子是否在學業上陷入困境，你應該檢視他們所作的決定的時間、頻率和衝動性，而這些決定延長了他們完成學業所需要的時間。有些人經常改變主修的專業而將大學延長到四、五年以上，以至於無法在更短的時間內完成學位的要求；有些人轉學許多次，如果他們積累的課程學分無法抵扣就會延畢；另外有一些人會改變主修專業和學校而進一步推遲畢業。這些都是陷入困境的跡象。

其他的年輕人則在大學裡進進出出，打算最終把學位完成，但總是找藉口休息，其實主要就是懶散度日。有些人可能只是因爲喜歡不必工作、喜歡校園的社交和輕鬆的課程負擔而延長他們的學業，而父母則負擔著所有的開支。這也是陷入困境的一種。如果這聽起來像是在說你的孩子，那麼讓他們暫時離開大學並搬回家住會更省你的荷包。不過有些年輕人會覺得這樣的安排太過於限制自己，有些父母則可能對孩子搬回家住不是很高興（參閱本章「生活：搬回家住」一節）。

同情想要改變主修專業的學生是可以理解的，然而改變的時間點是一個重要的考量因素。如同我先前所提到的，年輕人在二十五歲前大腦仍在發展，因此他們可能作出衝動的決定，而不會總是停下來思考自己的選擇的後果。改變主修專業可能在當時看起來是個好主意，但在大二時改變與在升大四時改變，兩者有著天壤之別。

就讀於一所大型公立大學的亞當陷入了困境。作爲大一新鮮人的他主修生物，並希望有朝一日能成爲獸醫。隨著一年過去，他發現這條職業道路需要大量艱難且耗時的科學課程，而他在這些學科的表現並不理想，於是放棄了這個計畫。他曾短暫地考慮過許多不同的學科領域，卻無法鎖定其中的任何一個領域。他的女友在不同的學院主修藝術史，建議亞當試試她的領域。她非常喜歡藝術史，並希望他們能一起進入這個領域。

在未經深思熟慮的情況下，亞當在升大二之前就將預先註冊好的所有科學課程改成了藝術史專業所需要的課程。然而到了大二結束時，他發現藝術史並不適合他，於是他再次決定更改主修專業，而這一次是轉到商業領域。不幸的是，在作出這個決定之前，他並沒有仔細研究商業課程。原來商業學位必須修微積分、統計學和財務分析（這些是大多數其他課程的先修課），但他在前兩年並沒有修過這些課。他若想獲得商業學位，基本上就得全部重來。最後，他堅持了下來，但他總共花了六年半的時間才獲得學士學位。當他完成學業時，他仍不確定商業是否就是他想要的，就像他當初選擇生物和藝術史一樣。

大學畢業後，其他學生在學業上陷入困境，因爲他們註冊就讀進階的學位課程並希望完成它們，卻發現自己作了糟糕的決定，於是在完成這個進階學位之前或之後，又轉向不同的學術領域。在這方面，那些匆忙行事和有著周全計畫的人之間也存在著差異。

有些學生在大學畢業後又再進修或更改專業，是因爲他們認爲必須對勞動力市場即將發生的變化作出反應。他們試圖預測兩年後哪些經濟領域將進行招聘，並爲他們相信將會大量增加的職位做好準備。然而問題是，這些預測並不總是準確的。事實上，若有人能可靠地預測兩、三年後的經濟狀況，那麼他們最好是直接跳過進修，而將原本打算花在學費上的錢，投資在那些他們認爲即將領導這場轉變的公司。僅憑對未來的直覺而退出或參加（或兩者兼具）某個專業，是個糟糕的主意。

當然，也有一些通用的進階學位，比如MBA，對於那些對自己的職業道路還沒有明確想法的人可能是有用的。不過這些課程（至少是那些好的課程）並不容易申請，學費又昂貴，況且花同樣的時間和金錢從某行業的初級職位做起並逐步晉升所獲得的回報，將遠勝於透過攻讀某個進階學位所帶來的價值。

若你的孩子正在考慮取得進階的學位以便在求職時能有優勢，那麼可以鼓勵孩子去請教他們感興趣的領域中那些有實際經驗的人，以了解該領域職業生涯的眞實狀況。有些人可能會建議孩子回校園攻讀進階學位，其他人則可能認爲這不值得花費時間和金錢。畢竟通往成功的最佳途徑，並非只有在名字後面積累更多的學歷頭銜。

大學畢業後繼續進修

「永遠的學生」還有一種非常不同的類型：他們喜歡上學、表現出色，並且經常改變計畫，不過都是經過深思熟慮的。我不會說這是陷入困境，但對於那些擔心孩子要在學校待多久和財務成本的父母來說，這可能是令人心灰意冷的事。

以艾米爲例。在四年內取得心理學的學士學位後，艾米又完成了爲期兩年的心理諮商碩士課程，於是她開始考慮攻讀臨床心理學的博士學位。經過四年的課程和博士論文，她完成了獲得執照必不可少的臨床實習。在大學醫院實習的期間，她與許多醫學院的學生成爲朋友，並確定自己眞正想從事的是醫學，也許是專攻神經學。然而，申請醫學院必須完成一個特殊的學士後課程，這是爲那些在大學時未修讀某些必修的科學課程的學生所設計的。

艾米一直都是表現優秀的人，她從沒遇過一門她不喜歡的課。她在這個預備課程中順利地度過了一年，參加了日間、夜間和暑期的課程。最終，她進入一所優秀的醫學院，在那裡，她發現可以報讀結合醫學與法律的六年制課程，讀完可以獲得雙學位。艾米無法抗拒，畢竟法律和神經科學交織在一起，聽起來是多麼有趣。艾米心知肚明，在完成醫學和法律的課程後，她還必須完成爲期三年的住院醫師培訓，然後是神經學研究員培訓，但這並沒有阻止她的腳步。總而言之，艾米在培訓中度過了二十年。等到她開始賺錢時，她都已經快要四十歲了，並且其中很大一部分的收入必須用來償還學生貸款。但她對自己的成就感到非常滿意，並享受其中的每一刻。最後，她成爲某所法學院的教職員，專門教授法律和神經科學。

若亞當或艾米是他們的孩子，家長們應該會有非常不一樣的反應。對於亞當的情況，他們應該考慮到亞當的優柔寡斷可能反映了一些潛在的心理問題，譬如憂鬱或焦慮。如果他在學業上的猶豫不決，與他發展正確和積極的自我觀及未來計畫方面的困難有關，那麼他可能正苦於心理學家有時候說的「迷失型認同」（identity diffusion），亦即缺乏前後一致的自我感。關於這一點，有些專家認爲它與獨立於父母之外的矛盾心理有關。

在大學中更改主修專業一、兩次是很常見的。不過，在孩子嘗試第三次更改主修專業之前，可以鼓勵他們與學生輔導中心的人談一談。我還會鼓勵那些衝動又經常更改主修專業和職涯計畫的人，在他們再次更改主修專業之前，先考慮花一年的時間做一些有意義的事，而不是上學。他們可以利用離開大學的時間來思考自己想追求的學習和職涯方向，而不必同時應付學校的日常要求（參閱第四章「傳統大學的替代方案」一節）。

除了財務問題外，沒有什麼理由需要對艾米這樣的年輕人感到擔心，因爲她繼續進修的決定是經過邏輯的思考，反映出她對未來人生想做之事的深思熟慮。她是個有抱負又喜歡學習新事物的年輕女性，這並沒有什麼問題。

對於像艾米這樣的孩子，父母應該偶爾與他們溝通，以確保他們的身心健康狀況良好。也許他們在學業上表現得很滿意和成功，沒有太多的壓力或懊悔。只要他們對決定延遲就業來接受額外的培訓感到滿意（即使他們積累了龐大的學貸），父母也不必擔心。二十年的學業和培訓似乎是很長的時間，然而在四十歲開始職業生涯，並在退休前從事自己熱愛的事業四十年是完全可能的事。

工作：猶豫徬徨

有些父母告訴我，他們的孩子還沒有「找到」自己，這通常意味著他們尚未安定於某個職業。找出自己這輩子想要做什麼與發展自己的身分感密切相關，而在成年後，人們對自己的價值觀、目標、優點和缺點的理解，往往會比青少年時期更加深入。在現代社會中，我們最常用職業來定義自己。這就是父母擔心孩子已經二、三十歲了卻還不知道自己想要做什麼的原因。這幾乎等同於說他們不知道自己是誰。

隨著工作產生變化，決定職業的過程也發生了變化。如今，可以選擇的選項更多了，職業的性質和職缺狀況也在迅速變化。你可能下定決心要從事未來的某項工作而接受必要的培訓，後來卻發現你希望的工作其實已經不復存在——自從你開始準備以來，它就發生了巨大的變化；或是求職者太多，導致它已經沒有任何職缺。

這種工作性質的變化，使人們更難判斷一個年輕人的職業發展是否陷入困境。如今，人們花費更多的時間來找出自己這輩子想要做什麼，因爲可以選擇的選項更多了，但這些選項往往也更瞬息萬變。

就像幾代人以前購買牛奶的差別：當時能選的只有全脂牛奶、低脂牛奶或脫脂牛奶，而現在則有太多的產品可供選擇，如燕麥奶、豆奶、椰奶、杏仁奶、非基改等。如今，要在乳品櫃上作出選擇都可能使人愣住，尋找職業時也可能會如此。

決定職業的三個階段

決定從事什麼職業時，通常是先從大的職業類別再逐步縮小到具體的工作，而這個過程的任何階段都可能陷入困境。爲了確定是否需要以及如何幫孩子最大的忙，你必須了解他們處於這個過程的哪個階段。

第一階段是釐清你想從工作中得到什麼。根據職業發展專家的說法，工作可以提供七種基本的回報：收入、權威、創造力、利他、穩定性、社交和休閒。幫助無法決定職業的年輕人的一種方法是，問他們覺得哪一種回報最爲重要？（如果他們回答「全部」，那麼回應他們的正確答案是：「那就祝你好運囉！」）這個練習是很好的開始，因爲要回答這個問題並不需要知道具體的工作是什麼。當孩子到了二十多歲時，他們應該就大致上知道他們希望從工作中得到什麼。如果他們在這方面有困難，有一些不同類型的測試（稱之爲「職業興趣量表」），這些測試會問幾十個問題，然後分析答案來幫助人們了解他們的優先順序。這樣的問卷服務在網路上有很多，通常收費也不高。

第二階段是找出可以滿足個人最重要價值的領域。例如，有許多不同的領域可以提供機會去做利他（幫助他人）之事，其中包括教學、醫療、諮商、社會工作和慈善事業。同樣的，許多領域可以讓人發揮創造力，其中包括視覺藝術、表演藝術、寫作、工程和建築等。

在大學的最後一年左右，人們會對如何實現期望中的職業有一個初步的想法，而且通常是跟他們喜歡並且在課堂上表現優異的學科有關。如果你的孩子在這一點上有困難，可以讓他們想一想自己喜歡的課程，並請孩子說明他們喜歡其中的哪些內容。此外，大學還提供職業輔導諮商，你的孩子可以與輔導員進行約談，他們都受過輔導學生解決就業問題的專業訓練。

第三階段是將範圍縮小到某個職業類別內的具體工作。這通常需要對唯有該領域內的人才知道的事情有一定的了解，因此，父母能提供多少幫助取決於他們本身的專業和經驗。你的孩子可能想從事法律、工程或銀行業，但尚不清楚該領域內的分科專業。如果你自己的工作與孩子感興趣的領域無關，那麼你知道的不會比他們多。若他們在這一點上感到迷茫，可以鼓勵他們看現在網路上都查得到的大學課程表，即使他們對攻讀進階的學位不感興趣也會有所幫助。瀏覽這些課程表可以讓他們了解該領域有哪些分科專業。

如同我們已經看到的，近年來工作最大的變化之一是入門的培訓增加了。三十年前高中畢業就能做的許多工作，現在必須是專科畢業、甚至需要學士學位的學歷；而過去要求大學學歷的工作，現在可能還需要接受額外的培訓。像電腦程式設計訓練營之類的課程可以學到非常專業的技能，而這些技能可能是孩子就讀大學時沒學到的。如果孩子確定他們感興趣的工作需要這些課程所提供的知識，那麼花錢去上這些課程絕對是値得又有幫助的。雖然這些課程很少有學費上的優惠，但偶爾也會提供某種形式的獎學金、貸款或分期付款。

有些人認為在當今的職場中，除了學位以外的任何相關訓練都能給求職者帶來優勢。今天人們感覺不得不在學校教育之外取得的一些資格，可能會增加他們的就業前景，因爲它們確實對於在特定工作中取得成功非常重要。它們有些可能會影響聘用的決定，因爲它們反映了求職者的性格和毅力，還有一些可能只是反映了一種「能力的通膨」。換句話說，入職的基本要求隨著時間變得越來越高（就像大學的學業成績平均點數GPA一樣）。能力的通膨可能會令你懷疑這些要求的必要性，但不要完全忽視它們。若這是獲得一份好工作的門檻，那麼你的孩子確實有必要在大學畢業後參加額外的教育或訓練。

那些更一般性的「培訓機構」或一次性課程，它們讓參與者透過幾堂「沉浸式」的體驗，並邀請知名的專業人士演講來了解某個行業的門道。若你的孩子希望這些課程能爲他們開啓就業的大門，那麼這些課程可能並不値得投資，尤其是收費特別昂貴的話。儘管這些課程可以提供一些資訊，但它們不太可能提升求職者的資格或吸引力來獲得面試官的青睞。

從實習中培養能力和人脈

倘若你的孩子心中已有具體的職業目標，但在尋找合適的職缺、面試機會或實際獲得錄用方面遇到了困難，那麼可以建議他們在繼續尋找工作的同時，考慮暫時做無薪的實習工作（也許由你來給他們暫時的經濟支援）。這可能是獲得相關技能、了解該行業的內部運作，並接觸到那些能促使你的孩子取得有薪職位的人脈的更好方式，而不是花錢報名參加「培訓機構」的課程。孩子就讀的大學可能也有學生就業服務處來協助他們找到實習的機會。許多學生就業服務處也向校友提供這些服務，而不僅僅是在校生。

實習不一定能帶來全職的工作，但它可能會讓某人在適當的時機出現在適當的地方，就像最近畢業的文科學生威廉所發現的那樣。

在杜蘭大學讀大二時，威廉決定主修英語，希望有朝一日能進入出版業。畢業後，他搬到了全美所有主要出版社的所在地紐約，並開始找工作。但他很快就發現，出版業是剛離開校園的英語專業畢業生中非常搶手的領域，因此很難得有入門的職缺。

威廉想起室友的母親在出版業工作，於是他從朋友那裡得到她的聯繫方式，並向她請教建議。室友的母親建議他來辦公室與她面談。會談中，她告訴威廉，她的部門目前沒有職缺，並詢問他是否願意在等待有薪職缺期間擔任無薪的實習生。她打了幾通電話，發現銷售部門的一位同事很樂意與他談談。

雖然出版業的銷售部門並不是威廉感興趣的領域（大多數對出版業感興趣的英語專業畢業生都渴望成爲編輯），但他很高興能有踏入這行業的機會。白天，他負責製作追蹤出版社庫存書目訂單的試算表；晚上，他發送詢問信件給各個出版社，並在它們的網站上搜索工作機會。

與參加培訓機構相比，實習的一個優勢是能讓你實際進入你想要工作的環境中。某天早上，當威廉從大廳要上去他的小隔間時，他在電梯裡與另一名乘客攀談起來。對方自我介紹了一下，並問他在做什麼。

「我目前在銷售部門實習，」威廉解釋道：「但我希望最終能進入編輯部。」

「對了，」這位女士說：「我們團隊中的一位編輯正在找編輯助理，你應該去應徵看看。」編輯助理是成爲編輯的第一步，大多數對編輯感興趣的年輕人都是這樣開始的。她遞給威廉她的名片，並請他發送電子郵件給她，以便提供編輯的聯繫方式。威廉走出電梯時向她道了謝，並承諾會採取行動。當電梯門關上時，他看了看這位女士的名片。原來她是出版社的副總裁。

威廉回到他的辦公桌時，立即寫了一封電子郵件感謝她的建議。她在當天晚些時候回覆他，並提供了編輯的名字，以及確認這位編輯確實要招聘助理。威廉寫信給編輯，轉述了電梯裡的對話，並表達了他對這份工作的興趣，同時附上自己的簡歷。

當天晚上，他收到編輯的回信，詢問他是否能明天早上過來面試。「很開心遇見杜蘭大學的校友！」他寫道：「特別是回應迅速的人。從事編輯這一行，這是必不可少的。」他沒有告訴威廉，他的助理兩天前已到別家出版社另謀高就了，他其實急需找人替代她。

威廉當晚熬夜在網路上搜尋這位編輯負責過的書，還閱讀了其中許多本的摘要，並在隔天的面談中以他對其代表作的了解，留給這位編輯深刻的印象。三天後，其他幾位應徵者也接受完面試，最後由威廉獲得這份工作。他起初被分派一些文書事務，如管理編輯的日程安排、回覆例行的郵件等。但他同時也有機會參加許多會議，並在這些會議中從內部了解這個行業的許多知識。一年後，他得到適當的加薪，並晉升為助理編輯，這是編輯職涯階梯上的下一個階段。他嘗到了與作者打交道的滋味（他發現這有時候很美好，有時候則令人氣餒）。他很慶幸自己當初願意參加實習。

離職和轉職

如今，要安定於某個職業需要更長的時間。然而，安定下來與陷入徬徨是不一樣的。有目標及有計畫地積累額外的訓練，在當今的勞動力市場是有道理的，但漫無計畫地在那些不相關的工作或培訓計畫之間跳來跳去則不然。那不是計畫，而是陷入徬徨。從事與職業無關的工作（例如端盤子或在酒吧當侍者）以維持生計，同時釐清自己想要做什麼，這是可以接受的，只要該工作能讓你留有足夠的時間和精力來思考。

父母可能原則上都了解這一點，但仍會看著他們的孩子在畢業後參加大量的培訓，或是從事一系列沒有前途的工作，然後納悶：「要這樣一直耗下去多久？」除非你從事的工作就是孩子感興趣的領域，或者有熟悉該領域的朋友、親戚或同事可以提供幫助，否則你很難準確地知道進入某一行通常需要花多久的時間。這主要取決於該行業目前的招聘情況。有些職業，例如演員，令人詬病的就是不知要花多久時間才能獲得第一份工作，更甭說穩定就業了。然而其他的職業，比如電腦工程師，合格的應徵者可能馬上就能獲得工作的機會。

許多父母也會想知道，他們的成年子女是否因爲考慮轉行（也許是第二次或第三次轉行）而陷入徬徨。在下結論之前，請記住，近代職業發展的典型模式已經發生很大的變化，因此過去的職業模式（人們的第一份工作往往就決定了他們這輩子要走的路），被一生更換許多工作或職業的模式所取代是很正常的。

人們轉換職業的原因有很多，有些是明智的，有些則值得商榷。如果你的孩子正在考慮轉換職業，並且已經深思熟慮過、做足了功課、經濟上也沒有問題，並且有眞正的機會去探索，那麼你就應該支持他們的決定。也許他們正在考慮做一些他們一直想做、但從未做好準備的事情，而現在他們的財務狀況足夠穩定，可以重返校園進行再次進修。事實上，這種做法比你想像的還要普遍。如今有超過四分之一的美國大學生年齡在二十五歲以上，每十位大學生中就有一位至少三十五歲，而這些數字甚至還不包括在研究所和專業學院就讀的年長學生。

由於今天我們的壽命比上一代人要長得多（COVID-19所導致的壽命暫時下降除外），人們從事多個職業是完全合理的。也許你的孩子接近四十歲時，他們雖然喜歡自己一直以來所從事的工作，但也想要新的挑戰；也許他們一開始就是把目前的工作當成權宜之計，直到他們找到眞正想做的事情；或是經過六年的工作和深思熟慮後，他們意識到目前的工作並不令他們感到快樂。如果孩子的工作已經使他們感到煩躁、焦慮或沮喪一段時間，那可能就是該轉變的時候了。否則除了會影響孩子的心理健康外，他們的壞心情也可能使他們的伴侶或子女的日子不好過。

若你的孩子正在考慮換職業，他們可能想要、或不想與你討論這個問題。除非他們正在考慮還沒找到新工作前就離職、財務狀況岌岌可危或天生做事衝動，否則你不應對他們任何暫時性的決定提出負面的看法。在這種情況下，你可以和顏悅色地問他們，沒有薪資收入，他們能生活多久。這可能令你擔心，但你也許不知道他們可能早就爲此存下了應急基金。如果他們的決定顯得特別衝動，你可以問他們是否考慮過會因此而失去某些好處，這也是爲什麼許多人還會繼續待在他們不完全滿意的工作中的原因。此外，憤而離職也可能不利於他們的健康保險。

若你認爲孩子的決定是經過深思熟慮的，你當然可以提出一些問題來表示你想了解他們生活的這一方面；但除非他們請求你，否則不要給出任何意見。你或許不會在相同的情況下作出同樣的改變，然而對你來說，他們所處的情況可能不適合改變。但無論你是否贊同，這是他們自己的選擇。在這種情況下，最好的做法是遵循之前我所說的：在必要時發聲；但除非你的孩子明確地提出請求，否則不要發表意見。

離開令你感到痛苦的工作，遠比在討厭的工作中幹一輩子來得好。後者是以前幾代人做的事，因爲過去要換職業並不容易而且不被允許。很棒的是，這種汙名現在已經成爲歷史，尤其當今的人們在七十多歲退休前都還在工作。對人生中如此重要的部分感到不快樂，那麼時間也未免太長了。

也許你的孩子的職業生涯已經步上正軌，而你更關心的是他們的愛情生活（或是缺乏愛情生活）。如同工作方面的進展一樣，你也必須在那改變成人發展時間表的社會變化的脈絡下，來看他們的戀愛生活是如何發展的。

感情：單身不婚

梅蘭妮自從丈夫查理五十多歲時突然死於心臟病後，已經斷斷續續鬧失眠六年了。當時醫生向她保證，剛喪偶的人有睡眠問題是很常見的，並開了一種溫和的鎮靜劑，讓她每晚睡前服用。

使用這種藥物三年，而它也確實幫助她入睡，但在聽到許多關於人們對處方藥物成癮的新聞後，她便逐漸停止服用這種藥物。那段時間，她不服用藥物也能入睡。大約兩年後，她的失眠又回來了。但這次與丈夫的過世無關，而是她無法停止擔心三十三歲的女兒蘿莉。她不像大多數的大學朋友那樣已經訂婚或結婚，甚至沒有與任何人同居，對未來也看似沒有什麼期待。

想到女兒會一輩子孤家寡人令梅蘭妮感到悲傷。她幸福地度過了近二十五年的婚姻生活，她知道獨自生活有多麼寂寞。此外，她還有一個私心，她希望蘿莉能結婚並組建一個家庭，這樣她就有孫子或孫女來塡補（至少塡補一部分）查理離世所留下的內心空虛。

每天晚上梅蘭妮輾轉反側，思考著是否該打電話請醫生再開一些安眠藥時，她都會在腦海中列出蘿莉的資產清單——她漂亮、聰明、成功又有趣，還常被她的朋友形容爲派對的靈魂。梅蘭妮想，她只是對男人太挑剔了。

每當梅蘭妮問起她的「夜生活」（她的女兒知道這是一種問她是否遇到了感興趣的人的非含蓄說法）時，蘿莉都會解釋說，她有令人滿意的社交生活，但還沒遇到合適的人。然而梅蘭妮會對自己說，在西雅圖這麼大的城市裡一定會有人喜歡她女兒，也一定會有人是她女兒想認眞交往的。

許多有三十多歲未婚子女的父母都有類似的擔憂。如果你也有這樣的擔憂，也許了解一下當前美國的婚姻狀況會讓你稍微釋懷一些。

結婚年齡推遲的一代

如同過渡到成年的許多方面一樣，人們初婚的年齡也逐漸在往後推遲。二〇二一年，美國女性的平均初婚年齡爲二十八歲，男性則爲三十歲左右。❶而在上一代，亦即一九九一年，美國女性的平均結婚年齡是二十四歲，男性則是二十六歲。再往前一代的一九六一年，這些年齡分別是二十歲和二十三歲。足見沒有任何其他的成年階段被推遲了這麼多。在過去的半個世紀中，這種顯著的增長在社會經濟的各個層面都有發生。

社會階層可能不會影響人們「何時」結婚，然而它對於「是否」結婚卻是一個重要的影響因素。雖然美國的結婚率整體上呈現下降的趨勢，但這種下降程度在社會階層之間差異頗大。在過去，如同一九七〇年代一樣，來自社會各階層的大多數人都有結婚；而如今，貧困和工人階級的結婚狀況卻遠不如過去普遍。儘管如此，還是有很多人結婚。根據最近的統計，美國所得分配前40%的人（亦即年度家庭收入超過十萬美元），有接近八成都結婚了，幾乎與四十年前的比例相同。

此外，那些關於美國婚姻已死的聳人聽聞的報告並沒有提到，二十五歲至三十四歲的未婚人口中，有15%的人與伴侶同居；其中有三分之二的人表示，一旦經濟狀況穩定下來就打算結婚。此外，它們也沒有談到那些從未結婚的人當中，有六成的人表示希望有朝一日能結婚。當然，還有許多離婚的人也希望再婚。總而言之，婚姻絕對不是消失了，但不可否認的，它確實被推遲了。

然而，許多較爲貧困的階層（家庭收入低於50%），同居已成爲一種持久的生活方式，這就是爲什麼他們的結婚率如此之低。但另一方面，對許多較爲富裕的情侶來說，這也是一種結婚前的暫時狀態。如今在美國，有超過七成五的初次婚姻都經過一段婚前的同居期。若你的孩子與伴侶同居，但尚未正式結婚，你不應該擔心他們的幸福。婚前同居在美國社會中已越來越爲人所接受。此外，爲了滿足你的好奇心，目前沒有證據顯示夫妻在婚前同居與否會影響未來離婚的機率。儘管許多人認爲同居可以作爲婚姻的試驗，從而降低離婚的機率，

❶編註：依據內政部一一二年人口統計資料顯示，國人平均初婚年齡，男性為三十二點九歲，女性為三十一歲。

但事實並非如此。

與其他成年的標誌一樣，用你當年遵循的時間表來評判孩子的婚姻「進度」是有誤導性的。如果將那些大量過著形同結婚的同居生活的未婚年輕人納入考量，他們戀愛的時間表與你年輕時並沒有太大的不同。

如今，二十五歲至二十九歲的女性中有超過一半，以及這個年齡段的男性中有超過三分之二的人從未結過婚。而在三十歲至三十四歲的族群中，大約有三分之一的女性和超過四成的男性從未結過婚。即使在三十五歲至三十九歲的族群中，也有超過五分之一的女性和超過四分之一的男性從未結過婚。這些數字並不包括同居的未婚情侶，因此他們高估了年輕人未婚的比例。

我的觀點是，如果你的孩子三十歲、甚至過了三十五歲依然單身，而你迫切希望他們有一天能結婚，那就沒有理由驚慌，因爲三十五歲後的未婚人士中，有將近三分之一會在四十五歲前結婚，而有將近一半會在五十歲前結婚。

有些父母會特別擔心，如果他們的孩子在三十五歲後依然單身，他們可能會錯過當祖父母的機會。從統計學的角度來看，如果你的孩子是女兒而不是兒子，這比較會是個問題。女性在三十五歲後生育能力會急劇下降，尤其是在四十歲以後，即使是對那些想要做試管嬰兒的女性來說也是如此。例如，女性在三十五歲以下，做試管嬰兒的成功率爲50％；但四十二歲以上的女性，其成功率則不到5％。可是別忘了，四十歲以上的女性做試管嬰兒的成功率一直在提高。醫生現在能根據夫婦開始嘗試懷孕前可測量的多項激素標記，來評估他們成功進行試管嬰兒的可能性。此外，男性的生育能力也會隨著年齡下降，但會比女性稍晚（大約四十歲左右）。與女性一樣，四十歲後男性的生育能力下降，也會影響夫婦做試管嬰兒的成功率。

調整好你的心態

若你對成年子女依然單身感到不開心，最重要的是考慮他們的心理狀態，而不是你自己的感受。有些人對於單身感到非常快樂。事實上，有越來越多的人表示他們更喜歡單身。所以不要因爲你對孩子的狀況感到不開心，就認爲他們也會不快樂。

關於你是否有朝一日能成爲祖父母的問題也是一樣。你可能幻想著有一個孫子或孫女，但別將你的希望與孩子的願望混爲一談。此外，許多二十多歲的單身者宣稱他們永遠不想要孩子，後來卻又改變主意。事實上，有越來越多的人在不結婚的情況下有自己的孩子或領養孩子。

無論你的孩子是否有伴侶或是單身，這種提醒都同樣適用。人們結婚並不表示他們就想成爲父母。最近的調查顯示，四十歲以下沒有子女的成年人中，有三分之一以上打算繼續保持這個狀態，而其中有超過一半的人表示，原因只是他們並不想當父母（其餘的人則表示他們有其他的優先事務、經濟顧慮或健康問題等）。如果你有兄弟姊妹，也許你可以透過成爲特別有愛心的長輩，或是對朋友的孩子表現出特別的關心，來滿足你對含飴弄孫的渴望。事實上，孩子通常會受益於那些不是他們父母或祖父母的成年人，特別是在青春期更是如此，他們可能更喜歡和非家庭成員的成年人在一起。

如果你的孩子單身，並告訴你他們很想找個伴，你最好是以同理心對待他們，但別將你的失望或擔憂表現出來。我不太相信這年頭還會有年輕人會爲了取悅父母而結婚。事實上，你最不想要的就是爲了你的利益而逼迫孩子進入一段關係。如果他們似乎在感情上陷入了困境（一連串的短暫戀情，起初交往很順利，但最終都不歡而散或突然分手），並且你們以前就能自在地談論他們的戀愛生活，那就問他們對發生之事的看法。如果他們對這種情況感到困惑、煩惱或沮喪，你可以建議他們與心理治療師談一談。根據我的經驗，心理治療往往能有效地幫助人們了解及糾正他們在選擇對象或與之互動方面的不適應模式。

如果你知道某人可能適合與你的孩子交往，那麼你可以告訴你的孩子，但要確保你的建議是基於你知道孩子可能喜歡什麼樣的人，而不是出於你個人希望他們喜歡什麼樣的人，或者只是因爲你覺得他們結婚會更快樂——跟任何人在一起都比單身好。在過去，人們會基於各種與愛情無關的理由而結婚，但在現今的美國，情況已經完全不一樣了。有九成的已婚人士表示，他們當初結婚的主要理由是因爲彼此相愛；只有大約三分之一的人表示，他們結婚的重要理由之一是爲了要有孩子；而僅有一成的人提到了金錢或便利性。

不要對如何找到心儀的對象提出任何的建議，因爲你的孩子會比你更清楚這一點。更何況，現在的交往方式已經與你當年單身時的情況有所不同了。

生活：搬回家住

最後一個會令父母擔憂孩子是否陷入困境的是，成年子女搬回家住。對許多父母來說，這是他們擔憂的主要理由。其中一部分原因是他們那一代人很少有人會這樣做，另一部分原因是跟孩子住在同一個屋簷下，你會對他們的生活有近距離的觀察。當大家不在同一個屋簷下時，父母很容易對子女的教育、工作、愛情和心理健康狀況一無所知，可是當成年子女搬回家時，知道得越多就越可能引發焦慮。

孩子搬回家住的原因

成年子女搬回家住所引發的問題，與大學生在一、兩週的假期或數個月的暑期返家的問題不同，這些假期有時會對家庭關係造成壓力（參閱第四章「大學生返家所引發的親子衝突」一節），但由於大學生住在家裡的時間是有限的，大家更能將任何的意見不合視爲暫時的惱人之事，因此是可以忍受的。

在此，我將焦點放在子女搬回家、並且不知道將住到什麼時候的情況，這通常發生在孩子無法負擔在其他地方生活的費用時。這種搬回家住的情況在過去幾十年來已經越來越普遍。比起二十世紀初的任何年代，現在有更多的年輕人與父母同住。在美國，這已經是十八歲至二十九歲的人最常見的居住安排。

自二〇二〇年以來，十八歲至二十九歲的美國青年有超過一半是與父母（或其中一人）同住，甚至超過了經濟大蕭條高峰期的百分比。這個比例從一九六〇年的30％躍升到今天的50％以上。因此如果你的孩子需要搬回家，你並不是唯一遇到這種情況的人，你的孩子也不是需要擔心的異類。

年輕人與父母（或其中一人）同住的比例增加的最新原因，可能與新冠疫情大流行有關，但這種趨勢在此之前已經存在。在二〇〇五年至二〇二〇年初（當時甚至都還不知道這個疫情大流行），年輕人與父母（或其中一人）同住的比例急劇增加，很可能是由於經濟大蕭條造成的，這對年輕人的影響更是不成比例。這種趨勢幾乎是普遍性的：無論是男性或女性，在所有種族群體中、在都市和鄉村、在全美的不同地區，與父母同住都變得更加普遍。

自二〇二〇年以來，年輕人與父母（或其中一人）同住的比例，其最大的增幅是發生在二十五歲以下的族群，因爲這個年齡段的人最有可能失業或被減薪。事實上，與父母同住對經濟生存來說是必要的。但是這一現象絕不僅限於這個年齡段的人。在二〇二〇年初，二十五歲至二十九歲的年輕人有超過四分之一的人與父母（或其中一人）同住，而這一數字在過去幾年並沒有下降。

從大學返家探望父母和搬回家與父母（或其中一人）同住，兩者之間的心理脈絡是截然不同的。前者提供了一個機會，讓你的孩子向你展示他們變得多麼成熟。他們在大學裡嘗到了獨立自主的滋味，而且他們也喜歡這種滋味。如同我們已經了解到的，他們返家期間出現的大多數紛爭，都涉及到年輕人認爲他們沒有被當作成年人對待的問題（參閱第四章「大學生返家所引發的親子衝突」一節）。

對你的孩子來說，搬回家與父母同住可能是完全相反的感受。對於任何已經獨立生活的人來說，被迫搬回家中會讓他們感覺自己不像完全獨立的成年人。從大學返家通常感覺像是在度假，而搬回家住則往往感覺像是一種警訊。

無論孩子搬回家住的原因是否在他們的掌控之外，譬如公司倒閉或被裁員，對他們來說，這都像是一種退步。這種印象可能不太準確，但在許多情況下，這是無法避免的。此外，搬回家住通常是一種不確定的安排。它不像學校的假期那樣，會按照大學行事曆所定的日期結束，而是會在孩子重新站穩腳跟（當他們能再次負擔得起自己的食宿）時結束。沒人知道這一天要等到哪時候。這種不確定性可能會讓每個人都感到非常焦慮，因爲沒有人希望這種安排毫無必要地持續下去，但也沒有人希望過早地結束它。當人們在不確定性中生活時，很少有人能表現良好。

在美國等社會，搬回父母家可能會對心理產生更令人憂心的影響，因爲這在歷史上並不是常態。但在其他文化中則有所不同。美國人將獨立視爲成年的衡量標準，而在其他許多國家，大家幸福地「互相依賴」被認爲是眞正成熟的標誌。尤其在許多亞洲文化中，認爲自己獨立於父母之外會被視爲不願意成長的幼稚行爲。而在一些歐洲國家，如義大利，年輕人與父母同住直到他們自己結婚是很正常的，甚至在財務需要或是家人的期待下，結婚後也可以繼續在父母家住下去。義大利人不會貶低那些大學畢業後回父母家住的年輕人，我們也不應該這樣做。

接納孩子，同時釐清彼此的期待

回家並不表示你的孩子失敗了，也不表示身爲父母的你不成功。但你應該小心，不要說出或做出任何可能令孩子感覺自己未能達到社會標準的事情。父母應該將搬回家的成年子女視爲有能力又有才幹的成年人。爲了做到這一點，你必須把孩子重新納入家庭，並視他們爲發展完全的家庭成員，而不會給人這是一種退步或永遠不會改變之事的印象。有三種方法可以做到這一點。

首先，也是最重要的，就是坦誠地談論彼此的期待。父母可能會跟正在就讀大學的孩子談家中的規矩，但對搬回家住的成年子女則應避免提及這些話題。事實上，討論這些話題只會讓你的孩子感覺自己不夠成熟，好像他們又在與你一起度過高中的時光。

想一想：如果你三十五歲的姊姊遇到困難而必須暫時與你同住，你不會和她討論晚上必須幾點回家、保持臥室整潔的重要性，或是必須隨時告知你她人在何處；同樣的，跟搬回家住的成年子女談論這些也沒必要。特別要注意的是，不要再次陷入他們還是青少年時與你共同生活的習慣模式當中，因爲你或許沒有太大的改變，但他們肯定有。

再者，你的孩子爲這個家作出貢獻是至關重要的。這個貢獻不一定是財務上的（特別是他們是因資金短缺而搬回家的話），也可以是參與家中的日常事務。他們應該幫忙做飯、打掃、購物、洗衣、鏟雪等等，以及任何重大的項目，例如家居修理或房屋整修。他們可以自己做，也可以和你一起做。

不要讓他們只管自己，其他的都留給你一個人做。譬如他們負責洗自己的衣服，但不負責洗其他人的；或將冰箱的一部分指定爲他們專屬使用的空間；或讓他們清潔自己的臥室，但不負責清潔廚房或客廳等公共空間。畢竟他們不是旅館的房客，你不應該凡事都幫他們做得好好的。

有些父母會希望搬回家住的子女支付房租和伙食費，但如果你的最終目標是幫助他們重新在財務上站起來，這種做法只會適得其反，因爲這將延長他們和你在一起生活的時間。如果孩子有工作，他們應該把收入存起來，直到他們能再次獨自負擔自己的生活。倘若他們有工作，但難以存下大部分的薪水，那麼就一起制定計畫，讓他們繳交一些房租，然後存入一個儲蓄帳戶直到他們搬出去，如此一來，他們便可以利用這筆積蓄重新自力更生，而不是向你尋求幫助。

最後，你應該明確地了解孩子將如何度過他們的日子。如果他們還在求學，他們應該上課、完成作業、準備考試，就像他們獨自生活時一樣。此外，他們也需要一個安靜的地方來做功課。你不必監督他們，就像他們當初離家在外時，你也不會監督他們的學業活動一樣（參閱第四章「父母過分干預子女大學學業的隱憂」一節）。如果他們有工作，他們的舉止應該像離家在外時一樣，而你也不應該監督他們的活動，比如何時出門上班、或者晚上或週末是否在家工作。

倘若孩子需要一份工作，他們就應該採取步驟來求職。這可能包括報名參加那些能使他們在就業市場上更有競爭力的課程、搜尋工作機會並在線上登錄自己的履歷、與可能幫助他們的熟人建立聯繫，以及參加面試。如果他們想做一份與事業無關、純粹只是爲了賺錢的工作，這也是可以的。只要他們把收入存起來，並且也在做一些能使他們在感興趣的領域裡找到職位的事情。

孩子搬回家後出現的問題

當孩子拒絕遵守你們商定的規則時，要如何應對是非常棘手的。違反規則分爲兩類，每一類的回應各不相同。第一類是孩子拒絕或忘記履行共同的家務責任。第二類是指沒有積累必要的資源來實現離家獨立的目標（假設這是目標的話），例如去上班、取得進階的學位、或存足夠的錢來讓自己能在外生活。

就第一類而言，我已經提醒過，不要再次陷入他們還是青少年、尚未上大學前與你共同生活的習慣模式當中，因爲這會危害你的心理健康（爲了一些瑣事而爭吵，例如未完成的家務、錯過約定或放在咖啡桌上的空洋芋片袋，現在對你來說這些事仍像十年前那樣令人討厭，甚至更加討厭），同時也會影響到孩子的心理健康（因爲不管年紀多大，被父母嘮叨總是不舒服的）。當成年的孩子開始表現得像青少年一樣時，把他們當成青少年來對待是行不通的。

遇到這種情形時，請與孩子坐下來進行「共同解決問題」（參閱第二章「建設性地解決紛爭」一節）。作爲提醒：這個過程涉及你們一起討論問題，共同集思廣益來尋找可能的解決方案，制定初步的計畫來解決問題，以及一段時間（比如幾週）之後再來評估是否有效。例如，將洗衣籃從他們的臥室衣櫃搬到臥室的一角，這樣當他們看到衣服裝滿時就會去處理它；在冰箱門貼上購物清單，有東西用完時就可提醒他們補充；在預計會有大雪的前一晚將雪鏟放在前門旁邊，以提醒他們在早上出門前清理車道。關鍵在於確保你們每個人都在爲解決方案做出貢獻，並找出如何調整以使其更加有效。倘若孩子出門時經過雪鏟還是視若無睹，那麼就把雪鏟放在某個位置，讓他們不拿起雪鏟就打不開門。倘若沒有任何方法奏效，就要針對該問題進行嚴肅的對談。你必須向他們表示，如果情況還是一樣，他們就得搬出去住，並設一個時間表來讓他們找新住處。你可能不願借錢給他們搬出去，但這可能比你們繼續吵個不停更容易一些。如果你無法補貼他們，你也可以幫他們找工作。若你的孩子因心理健康或成癮問題而難以搬出去，請幫助他們獲得適當的治療（參閱第三章「尋求幫助的重要性」一節）。

至於確保孩子正在做有助於他們找到工作或住所的事情，則需要結合警覺和耐心。你必須監督他們的活動，但別成爲嘮叨的人。偶爾問一下他們求職的進展是可以的，但不應該每一週問好幾次。如果就業市場緊縮，要找到一份體面的工作可能需要一點時間。你可以問他們是否需要你的幫忙，不過要對他們的反應敏感一些。「不用了，謝謝。」可能表示「一切已在我的掌握之中」，但也可能意味著「別管我的閒事」。如果你認爲他們說的是前者，你可以回答：「太好了！但如果你需要我幫你留意什麼，我很樂意幫忙。」如果他們說的是後者，你就必須釐清他們是否在做合理的事情，只是沒有成功（在這種情況下，他們可能會因爲進展不順而感到灰心或難爲情），還是根本沒有盡力而爲。如果是前者，你可以表達同情並且說：「是的，這不關我的事，但這並不表示我不能問你情況如何。我只是禮貌地問你，我希望也能得到同樣的對待。」如果是後者，你可以說：「你搬回來的時候說你會把所有的空檔都用來找工作。如果你覺得現在已經機會渺茫了，我們可以找一些事情讓你在這裡幫忙，直到整個就業市場好轉。」如果孩子拒絕了你，那就是該一起制定搬出去的時間表的時候了。

我已經概述了如何處理孩子搬回家後出現的問題，但你很可能不會遇到這樣的問題。事實上，根據全美國的調查，大多數搬回家的青年表示他們和父母相處得很好。在新冠疫情大流行期間，我透過Zoom進行遠距教學，開了幾堂高年級的研討會。在這些研討會中，我的一些二十多歲的學生被迫搬回家，在他們童年的臥室或廚房的桌子上課。他們大多數都希望能再次在外獨立生活，但幾乎所有的人都表示，與父母同住加強了他們的親子關係，使他們更了解父母作爲父母以外的另一面，並讓他們對父母爲他們所做的一切更加感激。

* * *

釐清你的孩子是否陷入困境並非易事，因爲許多阻礙孩子順利步入成年世界的因素都不在他們的掌控之下，例如課程招生過多導致無法在四年內取得學位、缺乏中意的約會對象、極度緊縮的就業市場或高昂的房價。如果你的孩子似乎在合理的範圍內努力卻不成功，請記住，這個時代和你們當年不一樣了！年輕人完成學業、打下事業基礎、建立家庭和經濟獨立所需要的時間更長了。如同我之前說的，「想當年」並不是思考孩子的情況的正確方式。如今，成爲成年人需要比上一代人更長的時間，並且需要父母更多的同情和耐心。

8

祖父母的角色

如何幫助新手父母

當了祖父母，你可以享受跟撫養自己的孩子時同樣的許多樂趣，卻不需要承擔像父母那樣辛苦的責任。這使你有更多的時間和精力，可以與孫子或孫女建立一個主要以共度愉快時光爲基礎的關係。如果你還不是或剛成爲祖父母，這是一種很棒的建立祖孫關係的方式。因此，將紀律教育方面的問題交給你的孩子和他們的伴侶，你只要專注在疼惜孫子或孫女，享受和他們在一起的時光就可以了。

成爲好的祖父母，對於你的孫子或孫女、他們的父母和你自己的幸福都很重要。與祖父母關係密切的孫子或孫女能獲得許多心理上的好處。嬰兒除了與父母建立關係外，還會與其他人建立情感依附，而每一個額外的情感依附都帶給他們更多情感上的安全感。與你建立情感依附將會積極影響你的孫子或孫女的認知、社交和情感上的發展，超出他們與父母的關係所能帶來的影響。

隨著孩子的成長，祖父母通常會做許多與父母相同的事情，但會有著自己的風格和興趣。當你和孫子或孫女一起閱讀及玩耍，並選擇與孩子的父母不同的書籍、玩具和活動時，你便擴展並豐富了孩子的經歷。花一點時間思考，你可以爲孫子或孫女的生活增添哪些積極和愉快的經歷，而這些經歷是他們的父母不曾給他們的。

祖父母與孫子或孫女的緊密關係所帶來的好處是雙向的。你們之間的緊密關係會使你更不容易陷入沮喪和孤獨當中，對生活更感到滿意也更快樂。如果你經常見到孫子或孫女，你會發現他們使你更加活躍並且感覺更年輕。隨著他們的成長、在學校接受教育，以及對流行文化的參與，你會從他們身上學到許多新的事物。事實上，孫子或孫女也可以成爲你、你的孩子和他們的伴侶之間更緊密連結的額外來源，因爲他們給予你們所有人快樂，並帶來無盡的話題供你們聊天。

當然，成爲好的祖父母會極大地幫助你的孩子和他們的伴侶。如果你們住得很近或一起度假，你可以幫忙照顧孫子或孫女。此外，你的孩子和他們的伴侶也可能偶爾會來向你請教關於養育的某方面建議，這一點我稍後會在本章討論。而且不論你住在哪裡，根據你的財務狀況，你也許能分擔一些裝潢嬰兒房的龐大開銷，或是幫忙支付育嬰的費用。

提供符合需求的幫助

在本章的稍後，我將討論如何與你的孫子或孫女建立密切的關係。但一開始，好的祖父母首先是要讓你的孩子和他們伴侶的生活更輕鬆。在孫子或孫女稍大一點時，你的幫助仍然很有用。然而一旦孩子進入學前教育的階段，在家的時間變少了，並且稍微有自理的能力，養育就會變得更輕鬆。

以下是一些指導方針，旨在教你如何在孫子或孫女仍是嬰兒（兩歲及兩歲以下）時提供幫助：

- **如果你想爲孩子和他們的伴侶購買一件設備或家具，請買他們說他們需要的東西，即使那不是你希望給他們的**

假設這對準父母正在查看一份他們必須買的昂貴設備的清單：嬰兒床、汽車座椅、嬰兒推車、嬰兒房的家具等，而你打算幫助他們。如果你還沒查過這些東西的價格，請在提供幫助之前先查看一下，並做好被價格嚇到的準備。嬰兒產品的設計和安全功能的諸多改良，使它們的價格比你當初成爲新手父母時要貴得多。

假設你決定幫忙買一輛嬰兒推車，而他們已經看中一款你不會選擇的嬰兒推車。若他們徵詢你的意見，或是在幾個不同的選擇中請教你的看法時，請說出你的眞實想法。但如果他們已經告訴你他們想要某一款推車，那麼你就應該購買那一款。倘若它的價格超出了你原本的預算，那就幫他們支付你的預算金額。是的，你可能希望有一天能推著你挑選的嬰兒推車，但是你孫子或孫女的父母才是每天都會使用它的人。

- **寶寶出生後，應該先給這對新手父母一些在家與新生兒共處的時間，然後你再去拜訪**

在造訪之前，可以詢問他們需要什麼幫助。若你想在寶寶剛出生就立即去醫院探望，請先確保你徵得他們的同意，然後再帶著氣球去看他們。同時別忘了，許多夫婦回家後會希望有一些獨處時間，來與寶寶建立親子關係而形成自己的家庭單位。

新手父母希望與新生兒獨處並不是要排除你，因此別這樣想，並且這也不是他們將來會如何對待你的跡象。事實上，他們跟你一樣急切地想讓你見到他們的寶寶，正如你急切地想見你的孫子或孫女一樣。只是你必須給他們一些時間去適應當父母的感覺，並讓他們彼此分享私人的想法和情感。

若這是他們的第一胎，這對夫妻可能會對如何照顧嬰兒感到緊張或不確定，並且還沒準備好在眾人面前養兒育女。有時候，特別是分娩過程艱難需要剖腹，或是患有輕度的短暫產後憂鬱症（有時被稱爲「嬰兒憂鬱症」，據報導，有超過七成的新手媽媽會在分娩的幾天後出現這種症狀），孩子的母親必須待在醫院好幾天才能出院。問你的孩子什麼時候方便去探望、尊重這對夫妻的意願，並且除非他們另有要求，否則一開始探望的時間不要太長，因爲你可能已經忘記做新手父母有多累人了。

- **若你住在附近，可主動提出幫忙照顧孩子而不必等他們開口**

例如你可以和他們約定，每週四下班後固定幫他們看一下孩子，讓他們有一小時的時間可以自由地購物，這對新手父母來說是非常有幫助的。突如其來的驚喜或在計畫好的夜晚，讓他們可以享受一頓只有大人的晚餐或看一場電影，而不需要花錢請保姆，這對新手父母來說可是一大樂事，特別是在經濟拮据時更是如此。倘若你住得很遠，但有機會在孩子的家待比較長的時間，請在這段共處的時光中，至少提供一次相同的幫助。從此以後，他們或許會更常邀請你去拜訪。

• 若你無力獨自照顧嬰兒，務必要明說

你可能會驚訝地發現，要跟著爬行或不斷伸手摸東摸西的嬰兒保持步伐有多麼困難，或是當你彎腰去扶起孩子或將他們從嬰兒床中抱起時，才知道九公斤的孩子有多重。如果你發現自己無法長時間照顧嬰兒，不要羞於說出來。問父母是否有其他人可以幫你代班一下，或是請親戚朋友陪你一起照顧孩子。當你無法獨自應對這些事情時，讓你和嬰兒長時間獨處是非常危險的。對於沒有足夠力氣反覆抱起嬰兒的人來說，很容易失去平衡及跌倒。

• 若你有能力負擔，可以爲你的孫子或孫女設立大學教育基金

現在上大學非常昂貴。我們只能想像你的孫子或孫女滿十八歲時，這個費用會有多麼驚人。即使只是定期存入一些小額的款項到大學儲蓄帳戶，隨著時間的推移也會累積爲一筆可觀的數字，尤其是你在孫子或孫女還很小的時候就爲他們作出貢獻。不過，別爲了大學教育基金而影響你自己的生活費和退休金。

有不同類型的教育儲蓄帳戶，可以讓你的孫子或孫女日後用這筆錢支付大學費用，而不必爲提取的款項支付稅金。這些資金還可以用於支付孫子或孫女從幼稚園到高中的學費（如果他們不上公立學校的話），並且你的孫子或孫女以後還可以用它們來償還學貸。帳戶仍然由你掌控，因此你不必擔心錢被濫用。你可以在網路上找到這些帳戶的相關資訊，全美各州的方案各有不同。

•可偶爾溺愛一下你的孫子或孫女，但別違反他們父母定下的任何規則

如果你知道這對夫婦不希望他們的孩子吃含糖食物，而孩子正在你這裡過夜，那麼隔天早上別餵他們甜麥片當早餐。如果你的孫子或孫女看著麥片盒說：「爸媽不讓我吃這種麥片，因爲它有很多糖。」可別笑著說這將是你們之間的小祕密。

若你的孫子或孫女知道他們不可以吃什麼，而你卻給他們這些食物，那麼你就是在教導他們違背父母是可以的。若這碗麥片是你想讓孫子或孫女享用的東西，請在孩子聽不到的地方徵求他們父母的許可。如果他們同意，就在給孫子或孫女提供早餐時告訴他們，他們的爸媽說這次可以。

•若你要給孫子或孫女一份禮物，請確保這對他們的父母來說是可以接受的

父母通常對孩子可以擁有什麼樣的玩具有一些政策。例如，許多父母不允許孩子有玩具槍，有些父母則是不允許孩子在達到一定的年齡前使用有螢幕的電子設備。請遵從他們父母的願望。畢竟你不會希望看到孫子或孫女打開你的禮物，卻被父母告知他們不能留下它。如果你的禮物是孫子或孫女可能已經有的東西，或者你不知道該買什麼當禮物，那麼你可以問一下他們的父母。你可能會認爲給他們的父母一個驚喜是很有趣的事，但沒有任何的驚喜是值得讓你的孫子或孫女最後以失望收場的。

別跟其他的祖父母競爭和比較

如果你的孫子或孫女在生活中還有其他的祖父母（或繼祖父母），你應該感到高興。孩子永遠不會嫌棄有太多愛他們的成年人。沒有理由嫉妒你的孫子或孫女與其他祖父母的關係。孩子對於與他人建立親近的關係有無限的容量，而你的孫子或孫女對其他人的愛並不會減少他們對你的感情。實際上，情況正好相反——孩子有越多健康的依戀，他們就越容易與他人親近。

倘若你與其他祖父母相處融洽，那會是額外的好處，這樣可以更容易地將整個大家庭聚在一起度過假期或諸如此類的活動。但無論你是否喜歡與他們相處，他們對於當祖父母的想法可能與你的不同。如果是這種情況，不要說或做任何事情。他們的行為就讓你的孩子和他們的伴侶去擔心吧！不過，如果你認為其他祖父母的行為有可能嚴重危害到你的孫子或孫女，例如你得知他們在照顧孫子或孫女時非常疏忽大意，那就向你的孩子和他們的伴侶表達你的擔憂。這對夫妻可能不知道其他祖父母做了什麼（或是沒做什麼）。務必要具體地說明你所擔心的事。

請別跟其他的祖父母競爭孫子或孫女的感情，或是他們的父母的感激之情。你們並不是在比賽誰是最受喜愛的人，只要盡你所能成為最好的祖父母就好。

如何給成年子女養兒育女的建議

瓦莉和丈夫保羅在他們到訪的第一個晚上就寢，他們手牽手躺在床上沉默了一會兒。他們所在的客房就在兒子和媳婦臥室走廊的另一端，他們擔心說話會被聽到，因為在就寢前，保羅和他的兒子德魯搞得有點不愉快。

「你真的不該說那些話。」瓦莉低聲說。

「我控制不住呀。」

「嗯，德魯對這件事很生氣。」

「他實在反應過度了。我覺得他的腦袋太死板，我只是說沒關係，吉莉安還不睏。我們難得來，爲什麼就不能順著吉莉安，讓她再多陪我們一小時再去睡覺呢？我們又不是很常見到她。」

「她還要上學，明天早上七點就得起床。」

「對啦，她不能遲到，否則會錯過重要無比的手指繪畫課。」

「才不是這樣呢，老公。德魯說這會打亂她的睡眠規律。她每天都必須在同一個時間起床。我的朋友妮娜說，她的媳婦對她四歲的孩子也是這樣的，而且所有的書籍都建議這麼做。」

「這未免也太誇張了！」保羅說：「難道我們偶爾給他們一些友善的建議也不行嗎？這不是祖父母該做的事嗎？當我們的看法不同時，什麼都不能說嗎？」

「好吧，我們是應該說。但我讀過一句話，祖父母有眼睛沒有嘴巴。」

「我覺得你把這句話搞錯了。應該是小孩子有眼睛沒有嘴巴。」

「顯然，這條建議已經被捨棄了。你沒注意到吉莉安一直在插話嗎？他們眞的該教她一些禮貌。」

「好吧，反正別在德魯面前說這個。我不知道他們的狗窩是否還有我們的容身之處。」

尊重世代之間養育子女的差異

若你的子女或他們的伴侶做了、或是即將做出可能傷害到他們孩子的事情，那麼你當然應該介入。當你發現他們忘記對電源插座進行嬰幼兒的安全防護，或是他們的寶寶拿到可能造成窒息的小東西，又或者他們因孩子鬧脾氣而情緒失控，用打屁股或大聲喊叫的方式對待他們的幼兒時，你應當挺身說出來。現今的研究顯示，打孩子屁股對他們的發展是有害的。其實有其他更有效的方法來應對那些舉止不當的三歲小孩，這將減少他們將來鬧脾氣的可能性，例如保持冷靜及分散他們的注意力。

然而，當涉及到養兒育女的日常挑戰時，最好還是保留你的意見。其理由有三。

首先，養兒育女的方式和潮流會隨著時代而變化。今天的父母被建議要嚴格地按照固定的餵食和睡眠時間表來照顧嬰兒。父母可能會利用智能手機上的應用程式來提醒他們何時該讓寶寶進食或小睡一下。他們可能會非常認眞地追蹤這些例行程式、記錄每次餵食所消耗的母乳或配方奶粉的確切量，並仔細監控寶寶每次睡覺的時長。這可能令你感覺有點像強迫症，但如果你查閱當今最受父母歡迎的書籍，這就是它們推薦的方法。如同生活中的許多事情一樣，養兒育女也變得以數據爲導向。你的孩子和他們伴侶的行事方式，其實與他們那個年齡層的其他父母是一樣的。

你這一代爲人父母可輕鬆多了。許多人將斯波克博士的《嬰幼兒保健常識》奉爲養育聖經。該書鼓勵父母關注孩子的需求、依靠常識，並根據孩子的跡象調整養育的方式，而不是迫使孩子去適應父母的需求。事實上，他這本經典書籍的第一句話就是：「相信你自己。」

因此當孩子看起來好像餓了，你就餵他們，而不會追蹤他們每天的食物攝取量。當他們看起來疲倦時，你就讓他們小睡一下；等他們睡到自然醒時，再將他們從嬰兒床中抱起。若你翻閱你這一代人所看的那些關於養育的書籍，你會發現這就是當時的父母們所得到的指導。而今天的新手父母會很驚訝，原來他們當時是這麼不嚴謹地被養育長大。

有意思的是，至少對於像我這樣研究養兒育女和兒童發展的人來說，其實遵循哪一種方式並不重要，因爲有很多方法可以成爲好的父母及養育出健康的孩子。

每一代人都認爲他們已經有了最佳養育之道的突破性發現。然而大多數時候，這些熱門的「新」養育技巧在過去的某個時候早已流行過了。今天的嚴格餵食和睡眠時間表，其實在二十世紀上半葉時就曾被熱烈推薦過，當時這種方法被稱爲「科學養育」。但這種養育方式在一九四〇年代末就已經過時了，而斯波克博士的方法則與我所能想像到的嚴格、預先計畫和以數據爲導向的時間表背道而馳。現代版的斯波克養育指南可能會從「相信數據」開始。

當那些相信根據孩子的跡象來安排餵食和睡眠時間的祖父母，看到自己的子女按照嚴格的時間表來照顧孩子時，他們會有話想說是可以理解的。同樣的，如果三十年後，當今的父母責怪他們的成年子女沒按照時間表來照顧新生兒，而再度出現世代之間的意見分歧時，這也是不足爲奇的。下一代的育兒專家很可能會建議在睡眠和餵食方面保持靈活性，並將以兒童爲導向的養育方法視爲另一種突破，同時貶低前一代以數據爲基礎的育兒方式。

不管是按照嚴格的時間表、還是完全沒有時間表，你的孫子或孫女都會成長得很好。嬰兒的發展主要受到基因的強大控制，這是一種與生俱來的程式，幾千年來一直都運作良好，無論當時流行的養育建議是什麼。人類的進化使得孩子只要在父母的養育下便能順利成長，而不論他們採取的是哪一種養育方式。事實上，如果每一種養育方法都會對孩子的發展造成嚴重的後果，我們這個物種根本就無法存活。

隨著孩子的年齡增長，他們的發展逐漸不再受到所有嬰兒與生俱來的遺傳程式的嚴格調節。隨著時間的推移，孩子的發展將受到他們獨特的遺傳輪廓（基因檔案）和成長環境之間的互動影響，包括他們接觸到的養育方式。基因決定了個人的傾向，父母及其他的環境因素則影響著這些傾向實現的程度。

父母會對孩子造成影響，但基因也對受影響的程度施加了限制，特別是在孩子的早期階段。發展心理學家開玩笑說，新手父母通常認爲他們能完全控制孩子的成長，直到他們有了第二個孩子，才發現兩個孩子怎麼完全不一樣——儘管兩個孩子都是用相同的方式養育。這表明在基因的影響下，父母養育孩子的方式只能起到有限的作用。有些父母表現出色，有些表現糟糕，但大多數父母的養育方式都是夠好的。

這就是爲什麼祖父母不需要過多地干預他們的孩子養育寶寶的方式。如果你的孩子對按照時間表來養育寶寶感到更順手，他們就該使用它；若按照時間表來養育寶寶會令他們抓狂，他們就不該使用它。等寶寶成爲幼兒時，你便能看出哪些孩子受到良好的照顧，哪些孩子受到了虐待。但你無法看出那些生活在嚴格的時間安排的孩子，與那些時間安排較爲鬆散的孩子之間的區別。

許多流行的育兒書中的建議，其實是爲了改善父母的生活，而不是他們孩子的生活。這並沒有什麼不對。但就這一點而言，專家提倡的任何方法都應該根據它對父母的感受如何來評估，而不是根據孩子的表現。這就是爲什麼爭論哪一代的養育方式才是「正確」的根本毫無意義。除了一些極端和不尋常的情況外，只要父母使用它們時感到開心，所有這些方式都是正確的。

孩子想聽，你再給建議

對孩子養兒育女的方式不予置評的第二個理由是，這對你來說是無論如何都無法贏的局面。如果你說了什麼，就有可能惹惱你的孩子或他們的另一半，並被告知他們想要用自己的方式來做。若你克制自己，你可能會看不順眼或對孩子盡是在做白工而感到沮喪。你總是覺得自己有更簡單的辦法，只要他們肯聽你的意見。

你可以採取折衷的方式：在提供建議之前先問孩子是否想聽你的建議。但你只能問那麼幾次，否則就會惹人討厭了。如果情況需要立即採取行動，或是你的孩子已經變得煩躁和不耐煩，此時你還問這個就很可能會被發飆。如果他們的寶寶正在哭鬧、他們的幼兒在踢腳和嘶吼，或他們的學齡前兒童在那邊哭哭啼啼，此時你的孩子最不想聽到的就是，你可不可以問他們一個問題。

多讚美新手父母，給他們支持和信心

避免就孩子的養育問題提供建議的第三個理由是，在他們需要於此刻感到更有自信的時候，你可能會打擊他們的信心。重要的是，你的孩子和他們的伴侶相信他們的養育決策是正確的（即使它們不是完美的），因爲他們需要在充滿壓力和挑戰的時候感受到某種掌控感。

確保你的孫子或孫女健康成長的最佳方法是，讓他們的父母感受到支持和一切都在掌控之中。要做到這一點，你可能偶爾必須對他們正在做的一些你當年不會做的事情視而不見。畢竟只要他們是足夠好的父母，他們的做法就不太可能會對孩子造成傷害。讓一切保持現狀。如果你實在看不下去，那就默默地轉移視線或離開現場。最重要的是，每當你欣賞他們如何撫養你的孫子或孫女時，都要讚美你的孩子。

給建議之前，再多等一下

倘若你眞的忍不住要對孩子或他們的伴侶正在做的事情發表意見，那就等一會兒再說。

別在他們正在做這件事的當下提出來。在給出建議之前等待一段時間，可以讓你有機會思考是否有必要這樣做。

假設你和你的兒子在客廳聊天，寶寶正在睡覺，你們聽見嬰兒監視器沙沙作響，於是你的兒子起身走向嬰兒房。你認爲那些聲音是正常的，去查看只會吵醒寶寶，但你還是閉嘴了。一分鐘後，你的兒子開心地走出來，而那些聲音也消失了。此時，你可以告訴兒子說他處理得很好，而不是告訴兒子他的判斷是錯誤的。若你想幫助孩子成爲好父母，讚美他們的成功會比糾正他們的錯誤更爲有效。

距離事件發生和你提出建議的時間越靠近，你的孩子就越可能把你的話視爲批評而不是友善的建議，他們也就越不可能聽從它。等到隔天或之後的某個時候，再說諸如以下的話：「對了，我稍微想了一下昨晚你給莫莉洗澡時發生的事，她一點都不肯配合。如果你想聽的話，我可以提供一些建議。」讓困擾的事件與你對它的建議之間稍微隔一段時間可以緩和局面，並使你的孩子更容易聽取你的意見而不會產生防衛心。

若孩子主動來請教你關於養兒育女的建議，請傾囊相授，但要試著以一種既讚美他們又給他們建議的方式來表達。

假設你的女兒請教你，現在是不是該讓她的寶寶戒掉奶瓶了。在你看來，現在戒掉奶瓶還太早了。然而，你不要立刻說「不」，而是在給予建議之前，先說類似這樣的話：「你現在的做法似乎都很有效，因爲寶寶長得很好。不過，你可以再給他們喝幾個星期的奶瓶。很多寶寶不再想要奶瓶時就會自行戒掉。如果到時候還沒戒掉，就打電話給你的兒科醫生看他們怎麼說。」

又或者，假設你的兒子向你請教，如果他們三歲的孩子在上學前穿衣服時總是很難搞——每天早上都要費很大的勁說服這個小傢伙穿你兒子挑選的衣服。你根據經驗知道，這種情況下最好的做法是，提前挑兩、三件可接受的衣服，然後讓孩子自己選擇要穿哪一件。這種讓孩子自己作決定的做法，有助於培養他們所需要的自主和長大的感覺。

對於你兒子的問題，你可以這樣回答：「我注意到你幾天前在晚餐處理類似的情況時表現得非常好。當米奇要吃不吃的時候，你讓他在藍莓和草莓之間作選擇，而你都樂意讓他吃。那次實在處理得太棒了！你何不在選擇他早上上學的服裝時，試試同樣的方法呢？」試著用讓你的孩子在接受建議後會感覺更好的措詞來表達你的建議。

我在本章提供的所有指導原則可以總結如下：提供建議時，你更應該考慮自己的意見將如何影響新手父母的心理健康，而不僅是考慮它將如何改善你的孫子或孫女的發展。

事實上，只要顧好前者，便能爲後者帶來奇蹟。

如何與孫子女建立情感連結

如果你想與孫子或孫女建立有意義的關係，就必須努力培養及維護這種關係。

享受與孫子女在一起時的樂趣

爲了有好的開始，在他們出生的第一年，試著與他們有更多的身體接觸，因爲這是新生嬰兒與他人建立依附關係的方式。當你抱著他們時，要與他們保持眼神接觸，並且要敏銳地感知及對他們的暗示（譬如他們表現出不舒服、想睡覺或肚子餓）作出反應。同時，用溫柔的聲音來和他們說話。如果你能這樣做，他們與你建立密切關係的可能性就會非常大。

你不必照顧他們的日常需求（例如餵食、洗澡或換尿布）來實現這一點。因此如果這些任務看起來令人望而卻步，或是你感覺自己不太熟練，請別擔心。當然，這些是該做的事，但光是做這些對於建立情感上的連結幫助並不大。情感連結是透過提供嬰兒身體上的舒適感來建立的。餵食嬰兒時，是你抱著他們才促進了情感依附，而不是餵食。

倘若你住得很遠，盡可能在孫子或孫女出生的第一年頻繁地探望他們。透過電話和視訊來與你的孩子和他們的寶寶交流，可能對你和寶寶的爸媽來說是很有趣的事，但在寶寶的早期階段，這樣做並不會帶來太多效果。如果這個階段無法親自探望，那麼等到孫子或孫女稍大時，你仍可以與他們建立密切的關係。但如果你能在他們出生的第一年，花時間與他們在一起並經常抱著他們，你便能取得先機。

隨著孫子或孫女的成長，你需要做的不僅僅是抱著他們來建立眞正的友誼。當你和他們在一起時，樂趣應該是你的首要之務。如今有許多父母認爲，與小孩的每次互動都必須具有教育價值。但這並非是必要的。我曾在一家餐廳裡，聽到一位母親對她的孩子在還沒吃完青豆之前就要吃甜點的要求作出回應，她說：「寶貝，綠色蔬菜在食物金字塔的哪一層？」如果你的孩子和他們的伴侶是當今典型的父母，那麼你的孫子或孫女已經得到豐富的教導。

如果你的孫子或孫女對自然感興趣、想告訴你在學校讀的一本書、或喜歡談論他們看過的電影，那麼你當然可以和他們談這些話題。但如果你六歲的孫子或孫女想玩大富翁，那就好好地享受其中，而不要把遊戲中的財務交易當作數學課。從長遠來看，你的孫子或孫女會更記得你們一起歡笑的時光，而不是你教過的東西。

多跟孫子女聊天，並培養共同的興趣和活動

當你打電話到孩子家問候時，只要你的孫子或孫女已經會說話，也請他們跟你聊聊天。起初，你們的對話可能感覺有點刻意，但隨著你的孫子或孫女更習慣與你交流，他們將開始敞開心扉。你會很訝異，他們竟然能說個不停。養成偶爾打電話只跟孫子或孫女聊天的習慣，或是當他們有了自己的手機後，直接打電話給他們。這將強化一個想法，亦即他們與你之間有一種特別的關係，而這種關係不一定要牽涉到他們的父母。隨著他們長大，他們會開始將你視爲另一個可以尋求支持和成爲朋友的人。許多祖父母會透過簡訊、電子郵件和社群

媒體與他們的孫子或孫女保持聯繫。只要你們彼此都有耐心，你將從他們那裡學到許多關於科技的知識。

培養一種特別的日常活動，或是找出一種特別的外出活動，而這些活動是你和孫子或孫女喜歡單獨一起做的，這樣即使他們長大後，你們也能繼續一起做這些事。我有一個朋友必須到很遠的地方才能見到她的孫子。當孫子長大到能在很棒的餐廳品味美食時，他們就培養出一種每年打扮得漂漂亮亮，到他們喜歡的餐廳（只有他們祖孫倆），享受一頓豪華午餐的傳統。這個傳統是從孫子剛上小學時開始的，並一直持續到現在。如今，孫子已經上大學了。這些活動不一定是外出用餐，但要找到一個你可以與孫子或孫女經常一起樂在其中的活動，並讓它成爲你們共同期待和共同策劃的事情。

要對你的孫子或孫女的興趣感興趣。問他們在校的情況是可以的，只是大多數的孩子很快就會對這問題感到厭煩，因爲太多人問了（許多父母每天晚上都會問）。若你想問學校的情況，請問一些具體的問題，例如問某個特定的課程、某位喜歡的老師、某位特別的同學，或是他們正在做的某項作業。但也要試著找一些其他的話題，亦即你的孫子或孫女感興趣的話題。是的，許多孩子對學校很感興趣，但即使是那些熱愛學校的孩子，通常也還有其他的興趣。如果你的孫子或孫女是棒球迷，你就要充分地了解這項運動的知識，以便與他們一起觀看球賽和討論。如果他們有某種收藏品，你去探望他們時，就要請他們讓你看看他們的新收藏。如果他們喜歡音樂，你就要問他們最近在聽什麼音樂，並請他們播放一段給你聽。

此外，也不要忘記與你的孫子或孫女分享你的興趣。你可能有一些嗜好、活動或喜愛的事物是他們樂於了解的。告訴你的孫子或孫女，你最近讀到的東西、你去過的旅行（如果有照片或影片的話可以給他們看）、你喜歡的電視節目，或是你最近在想或好奇的事情。不要帶著教育的目的去做這些事，而是要像和朋友聊天一樣。問問他們的意見。孩子喜歡自己的觀點受到大人重視的那種感覺。父母通常過於忙碌而無法打破家長的角色來做到這件事。身為不必負擔父母責任的祖父母，你會有很多時間與你的孫子或孫女進行有趣的對話。

傳承你的家族史

花一些時間與孫子或孫女在不包括他們父母的情況下共處——有時只是你們祖孫倆，有時再加上你的伴侶。倘若你有好幾個孫子或孫女，也可以和他們所有的（或其中一個）兄弟姊妹或堂表兄弟姊妹一起。如果你僅在家庭聚會中與他們往來，他們將無法充分了解你這個人，而只知道你是他們的祖父母。他們可能有一些問題想問你，但又不好意思在眾人面前問。此外，他們也可能想告訴你一些他們的父母已經知道的事情，或是他們的父母在場時不想談論的事情。許多孩子喜歡擁有除了父母以外的成年知己，而你可能是最適合的人選，特別是如果你們倆長期以來一直很親近的話。

告訴他們關於你的家族史的一些故事。你是你的家族史的重要保存者，只要可以，你就應該與你的孫子或孫女分享。如果你的孫子或孫女正在上小學，一項有趣的作業是將你能想到的親戚建構成族譜，包括他們的姓名、出生地點和生日。倘若你小時候寫過日記，並對分享其中一部分內容感到自在的話，你的孫子或孫女一定會覺得很有趣。

大多數孩子都特別喜歡聽關於自己的父母和祖父母的童年和青少年時期的故事，因爲這些故事揭示了很久以前（或者對孩子來說似乎是很久以前）的生活，而且想像自己的父母和祖父母的童年樣貌是非常有趣的事。這些故事不應該令人尷尬，但它們可以是有趣的，或是可以揭露你或他們的爸媽的特殊才華或成就，譬如你曾熱衷於童子軍活動、他們的媽媽曾贏得全州詩歌競賽，或者他們的爸爸以前會在假日的家庭聚會中表演魔術給大家看。

若近代的移民是你的家族史的一部分，你的孫子或孫女可能會很想知道，當初你的家人是如何移民的、他們定居在哪裡、他們到達時如何謀生，以及他們在移民之前是過著怎樣的生活。當你的孫子或孫女是青少年時，了解家族的傳承尤其重要，因爲他們此時正在開始建構自己的身分感。你可以幫助確保你的文化中的重要面向成爲他們思考自我的一部分。

讓孫子女成為你可靠的朋友

你的孫子或孫女可能還太年幼而無法被你視爲朋友，但隨著他們的成長，他們可能會成爲你的朋友。而當祖父母年老時，孫子或孫女也可能成爲重要的協助和支持的來源。一旦你的孫子或孫女成爲青少年，他們可以非常有幫助，特別是那些需要年輕的力量或靈活性的體力活。我認識一些孫輩們幫助祖父母修理搖搖欲墜的露臺，在祖父母跌倒後幫忙家務，或是在祖父母需要出門辦事時開車去載他們。你現在可能還不需要他們的幫助，況且你的孫子或孫女也可能還太年幼而無法提供幫助，但在他們年幼時與他們建立及保持密切的關係，將使你在未來需要幫助時更容易有所依靠。這種經歷對你們祖孫來說都是一樣重要的。

社會往往強調父母對子女福祉的影響，這是可以理解並且是正確的。然而那些積極參與孫子或孫女生活的祖父母，其實也在孫輩的成長過程中發揮了重要的作用，其影響力甚至超過這些祖父母的認知。

事實上，這是雙向的。開始撰寫這一章時，我們的第一個孫子亨利大約一歲左右，而我可以感覺到我們已經建立了密切的關係——當我走進房間時，他開始興奮起來；或者我們發明了我們自己的躲貓貓版本時，他會開心得尖叫。這種感覺無法形容，是一種我以前從未感受過的情緒高漲。

9

總結與展望

時代變遷下的成年子女課題

若說本書有一個關鍵的要點，那就是如今養育成年子女已經與上一代有著天壤之別，而這令許多父母對他們的親子關係感到困惑。

導致這種情況有幾個因素。首先，由於青少年過渡到成年的時間被延長了，以前父母在子女二十歲左右所面臨的許多挑戰，現在已經被推遲到二十五歲至二十九歲，或者更晚。這種轉變造成的新動態，改變了父母與成年子女討論事情的性質。一個會在孩子二十三歲時公開地對他們的戀愛對象選擇表示擔憂的人，現在可能會在孩子三十五歲時對表達這樣的憂慮感到猶豫。如果二十二歲的孩子向父母要一百美元，父母會覺得自己有權詢問這筆錢的用途，並評論這是否是一筆明智的花費；但如果孩子提出這個要求時已經三十三歲，父母可能會懷疑自己問這個問題或發表意見是否恰當。

其次，年輕人的時間表變化，使得父母難以判斷他們的子女是陷入困境、發展順利，還是介於兩者之間。上一代人的父母，如果自己的子女三十出頭時還是單身，他們可能會感到擔憂；而今天，三十出頭還單身的人非常普遍，根本沒有理由擔憂。在過去，人們二十二歲大學畢業後，幾乎就立刻投入他們的事業；但現在，許多人直到二十四歲或二十五歲才畢業，並且可能到了三十歲工作才安定下來。如果我三十歲了事業還沒什麼進展，我的父母可能會非常擔心；然而按照今天的標準，三十歲還沒確立自己的事業是預料中的事。換句話說，上一代人眼中那些看似在愛情或工作上陷入困境的情況，在今天已經不算是陷入困境，只不過許多父母並沒有認識到這一點。

第三，由於當今的父母很少思考擁有成年的子女意味著什麼，因此他們到了家庭生活的這個階段時可能會認為，相較於撫養青少年，養育成年子女應該會輕鬆許多。但許多父母很快就發現，他們與成年子女的關係本身就會帶來挑戰。而在面臨這些挑戰時，他們往往會感到措手不及，不知該如何是好。每當孩子進入新的成長階段，父母都必須思考是否應該、以及如何調整對待孩子的方式。這種不確定性往往會加劇父母對於自己是否干涉過度或關心不足的焦慮，甚至可能過於緊張而不敢向孩子提出這個問題。許多父母原以為再也沒有壓力了，後來卻發現自己坐上了情緒上的雲霄飛車。

第四，由於年輕人延遲了許多傳統的成年過渡階段，比如完成大學教育、感情穩定下來、實現經濟獨立、開始爲人父母，因此他們的社會地位對他們的父母和自己來說都不太明確。一方面，他們覺得自己在情感上已經成熟，並且很可能是眞的已經成熟；但另一方面，他們的生活仍保留了一些青少年的特徵。例如他們還在約會而不是結婚，他們還在求學而不是工作，他們在經濟上還在仰賴父母而不是自給自足，這使得他們和他們的父母不知如何拿捏彼此之間的關係，而雙方關係的不確定性可能會使他們的互動變得尷尬。

最後，彷彿這一切麻煩還不夠多似地，我們的社會在許多方面也產生了變化，導致要成爲獨立的成年人變得更加困難。這主要是由於勞動力市場和房地產市場的轉變，這兩者都造成年輕人必須待在學校更久、等待更長的時間才能建立自己的家庭，而它同時又反過來加劇了其他社會事件所帶來的壓力，比如經濟大蕭條和新冠疫情大流行。

你可能會認爲，今天二、三十歲的年輕人受到過度的呵護，但他們現今的處境顯然要比三十年前的年輕人更爲艱鉅。很明顯的，這一挑戰已經對年輕人的心理健康造成嚴重的影響。許多指標顯示，過去二十年來，年輕人的心理健康狀況已經明顯惡化，並且是在爆發新冠疫情大流行之前就已經惡化。要應對焦慮、憂鬱、上癮、甚至有自殺傾向的成年子女是非常困難的事，而如今，有比以往都更多的父母陷入了這種焦慮不安的境地。

總歸來說，這些變化同時導致了關於自主權的衝突，而這是大多數父母與成年子女之間產生緊張的核心問題，因爲兩代人都不確定應該對彼此有什麼樣的合理期待。許多父母發現自己如履薄冰，總是擔心自己會被貼上多管閒事（如果他們試圖像以前一樣參與孩子的生活）或不關心子女（如果他們有所收斂）的標籤。有時候，你感覺好像怎麼做都不對。此外，成年子女也需要應對自己的平衡問題。他們必須解決自主權與身分認同的衝突，同時又被社會逼得不得不依賴父母更長的時間。

在本書中，我在許多方面提供了一些建議，讓那些有成年子女的父母們，能在這充滿挑戰的時期與孩子維持密切的關係。以下是我的主要觀點的概要：

首先，不要用你年輕時所遵循的時間表來評斷孩子的進展。別說（甚至不要想）「想當年」這種話，因爲這種想法對思考孩子的現狀是不恰當又無益的。

再者，要認識並支持你的孩子有建立自主權的需求，尤其在他們接近三十歲時，這個需求會更加強烈。當他們選擇不聽從你的建議或是明確地告訴你別管他們時，請別感到懊惱。要記住，這與你無關，而是孩子需要向你、向他們自己、以及向這世界展示他們已經有足夠的成熟度和能力，在成人的世界中獨立而不必再依靠父母了。

第三，檢視你對這段關係的期望是否合理。別因爲你寧願獲得驚喜也不願感到失望，而強迫自己降低期望。過低的期望往往會引發他人最糟糕的表現。但同時也別期望事情會完全沒問題。

第四，當你因孩子而感到受傷時，應該花一些時間分析自己的情緒。所有的父母都偶爾會對孩子感到不愉快，例如覺得遭到忽視、不被感激、不受尊重或感到惱火。這是完全正常的，沒什麼好覺得丟臉。然而，有時候你那些不愉快的感覺，其實是源自於你對孩子行爲的解讀，而不是孩子眞的做了什麼或沒做什麼造成你的不愉快。

第五，別不斷地去想（或跟朋友討論）孩子令你感到受傷或失望的事。若你有機會退後一步來釐清到底是什麼困擾著你，就讓孩子知道你的感受。如果你陷入無法自拔的困境，也不要害怕尋求心理諮詢的幫助。

第六，學會用建設性的方式來解決你與孩子的歧見。整本書中，我都提出了關於這個主題的具體建議，並透過其他家庭的例子來展示什麼是好的或不好的做法。可以的話，就採取「共同解決問題」的方法。它能有效地找出你和孩子的哪些想法造成你們的爭執，以及你們可以採取哪些步驟來解決它。當雙方一起集思廣益來解決問題時，會比單打獨鬥更有可能成功地解決問題。

最後，在決定是否要說出你的意見或保持沉默時，請遵循這個通用的原則：必要時說出來；但除非孩子明確地求教於你，否則請保持沉默。這個原則的例外情況是，當你的孩子、他們的伴侶或他們的子女可能面臨嚴重且無法彌補的傷害時。

若你能經常遵循這些建議，你將爲你們親子關係的未來打下堅實的基礎，而這個基礎從長遠來看，很可能是非常重要的。就在撰寫本書的過程中，我聽到許多子女已經四、五十歲的父母們所面臨的難題。如同我說過的，養育子女這件事是永無止境的。

在挑戰中尋求穩定和諧

雖然你與成年子女的關係在他們四十多歲後還會持續發展，但某些方面可能會變得更加穩定。你的孩子已經從充滿重大生活變化的時期——畢業、開始工作、感情穩定下來、有自己的家、實現經濟獨立、開始組織家庭——過渡到通常更可預測又更穩固的時期。對大多數人來說，四十多歲是社會和心理上的鞏固和逐步變化的時期。若事情進展順利，人們通常會在這十年中找到自己的立足點，諸如事業的進展、婚姻的發展、子女進入青春期，但核心的人格特質往往會穩定下來。

由於孩子二十多歲和三十多歲的主要轉變已經完成，這些轉變帶給父母的許多挑戰可能已經解決了。有些父母可能仍然擔心孩子的職業生涯停滯不前、感情不穩定、經濟狀況岌岌可危、或是他們養兒育女的方式令人擔憂，但這些只是少數的例外。況且，就算在這些方面有未解決的問題，你除了提供情感的支持和同情地傾聽外，可能也幫不了太多的忙。

從心理上來說，你的孩子可能已經解決了離開你而獨立自主的任何問題。一旦確立了自己的獨立和能力，他們就不再需要強調自己來向你展示他們的能力。他們不必再僅僅爲了展示自己的能力而不同意或不理會你的觀點。你會發現，這對你們的關係有一種鎮定的作用。

這種情況的美好結果是，你的意見通常會變得更受重視，你的建議更有可能被接受，因爲你的孩子不再覺得受到你的權威的威脅。你會發現自己必須忍住不發表意見的情況會減少很多。雖然這並不表示你可以在中年的孩子所面臨的決定上提供未經請求的建議，但這應該可以讓你在必要時更容易提供自己的建議。你會發現，現在你的孩子比以前更有安全感、更有自信了，於是他們更願意在那些猶豫不決的問題上求教於你的智慧。

事實上，到了孩子中年之後所出現的任何挑戰，更可能是與你的生活中發生的事情有關，而不是孩子的生活。隨著進入古稀之年，你自己可能會經歷重大的轉變，其中包括退休、搬遷，以及應對那些隨著年齡增長而正常出現的心理和身體能力的變化。對某些人來說，七十多歲是可能出現健康問題的時候，無論是輕微或嚴重的。這也就是爲什麼首次推出新冠疫苗時，六十五歲以上的人被列爲首批接種的對象。因爲即使是這個年齡段的健康人士，也比十年前更容易受到身體的不適、疾病和受傷的影響。

角色轉換所引發的情緒

孩子二十多歲、三十多歲時的生活狀況變化，使你們的親子關係產生新的問題。而現在，你的生活狀況變化也將造成類似的影響。

隨著孩子到了不惑之年，而你則步入古稀之年，你們的關係將經歷一定程度的角色轉換。你會發現自己越來越依賴他們，而他們對你的依賴則越來越少。

這既令人滿足，又令人感到不安。令人滿足的是，那曾經是無助的、所有的事都完全依賴你或你的伴侶的小嬰孩，如今已成長為一個你可以求助和尋求建議的人，而這在一定程度上要歸功於你的教養方式。不過，這也令人感到不安，因為有時候可以很明顯地看得出來，當你們單獨在一起時，你可能不再是那位最聰明或最有能力的人，而這是你過去四十年來一直所處的位置。

這種角色的轉換需要一些時間去適應，但要感恩你有人可以依靠，甚至可能是實際上的依靠。

幸好，這種關係的轉變不是瞬間就變的。它將會是逐步的，並根據你的需求和孩子能幫助的程度和能力，而在不同的方面以不同的速度發生。有時候，如果你的力氣、靈活性或平衡感有所下降，你可能需要孩子身體上的扶助。你偶爾可能會請教孩子一些關於管理投資，或下載一個可以創建、儲存並自動完成你的線上密碼（這可能是你應該要有的）的應用程式的建議。根據你對科技產品使用的熟悉程度，你可能需要孩子幫忙選擇及設置新的電子設備、解決電腦或手機當機的問題，或是在不同的上網方案中作出選擇。

這一切都不足爲奇，也不應引起擔憂。比你年輕三十歲的人可能身體狀況更好、更擅長處理數字和資訊（特別是在快速變化的數位世界中），對最新的科技創新也更爲熟悉。

你一直以來都能藉由智慧和經驗，來彌補年齡增長所帶來的某些能力的自然衰退。但無論有多少的智慧和經驗，都無法幫助你在清理屋簷的雨水槽時平衡地站在高高的梯子上，將二十多公斤重的書箱搬到閣樓，挖坑種一棵新的樹，設定新的智慧型手機，或者是安裝無線的音響系統來連接你的音樂串流服務。向孩子求助不是問題，爲向孩子求助而感到不自在才是問題所在。

這種角色的轉換可能引起三種令人不舒服的情緒，分別是：焦慮、尷尬和內疚，而檢視及重新調整這些情緒是非常重要的。

焦慮

彼此依賴的程度變化提醒你自己正在變老，這是我們很少人樂意看到的。然而，變老並不等於病弱無能。僅僅因爲你走路比十年前慢了幾步，抬不動以前抬得起來的東西，需要度數更高的眼鏡和助聽器才能看電影而不必調整字幕的大小，或是在徒步旅行時需要使用拐杖，並不表示這是日薄西山的開始。畢竟，你還能及時了解時事、享受你喜歡的節目、保持活躍——只是可能需要一點額外的時間或設備。況且如果身體健康，你可能還會再活很多年。

別暗自與孩子比較這些，而讓自己老得不夠優雅。他們可能處於身體健康的巔峰，但這與你的健康狀況無關。將你的身體能力與三十歲的人比較，就像他們將自己此刻的成就跟你這個年紀的人相比較一樣沒有意義。年老有麻煩的地方，但也有它的好處。倘若你因爲孩子現在做得比你好而感覺自己更老了，請確保你看到事物的兩面。你在網球場上可能反應不如孩子敏捷，但在高爾夫球場上，你的開球可能比孩子還要漂亮，因爲它靠的是技巧而不是蠻力。若你擔心自己的身體健康，就別跟孩子進行不利的比較，而是要多運動。

你對自己變得更老的焦慮，可能也受到你發現孩子的腦力比你更好的影響。有一種與年齡相關的智力功能（主要是記憶）的正常衰退，是在四十五歲至四十九歲之間開始的。對某些人來說，這些變化是難以察覺的；但對另一些人來說，它們可能對學習和回憶新的事物有一定的影響。你可能會變得有些健忘，做新的工作也會有點慢。當你在玩猜字或知識問答遊戲（那些常出現「明明知道卻一時說不出來」的狀況）時與你的孩子進行比較，你可能會感到有些不自在。然而，這些變化是可以預期的，而並非表示你得了失智症。此外，倘若它們對你的日常生活並沒有任何影響，那就不必擔心。

健康的飲食、社交活動和身體的鍛鍊，也有助於改善認知功能和新事物的學習。如果你感覺自己的智力有點衰退，可以參加你一直都感興趣的課程（無論是線上還是實體課）、學習一種新的樂器、或是開展新的愛好，因爲新奇和挑戰可以讓大腦的健康維持得更久。

尷尬

第二個問題是，這種角色的轉換會以某種方式改變孩子對你的看法，使你在他們眼中的地位略有下降。坦白說，我不敢斷定你的孩子會根據你是否需要他們幫你處理某些事，或你在《危險邊緣》（*Jeopardy*）節目中猜答案的速度變慢來評價你。他們對你的感受和觀點，其實是你們長期的親子關係（希望它是充滿愛與敬佩的積極關係）所形成的，向他們尋求幫助或建議並不會動搖這一點。

這些能力上的變化對你造成的影響，可能比孩子對你的看法更爲明顯。事實上，你的孩子甚至可能沒注意到一些令你感到困擾或感覺不自在的變化。記得有一次，我有三個月沒見到兒子和媳婦了，於是我們約在一家餐廳碰面，同時我也開始戴上了助聽器。我的虛榮心令我感到不安，因爲我擔心自己看起來像個老頭。我們坐了一段時間後，他們都沒有提到我的新裝置，我便以爲他們只是出於禮貌而不好意思提。最後，我說：「你們怎麼沒提到我的助聽器？」事實上，他們甚至根本沒注意到它們。

別因爲自尊心而不敢向孩子尋求幫助，如果他們能做你需要完成的事情。況且你在一件事情上需要幫助，並不表示你所有的事都需要幫助。一次只提出一個請求就好。不要在腦海中不斷地記下你曾向孩子提出的請求，這會加劇你對變得稍微依賴他們而感到的尷尬。你可能沒有記錄自己繼續幫助孩子的所有事情，因此你的負債表可能是偏頗的。角色的轉換是漸進的，依賴孩子的事情增加，並不表示孩子有需要時不會再求助於你。

對許多父母來說，向孩子開口要錢是很困難的事，因爲請兒子或女兒幫忙一些需要力氣或專業知識的事情是可以預見的，但請求金錢的援助則往往是出乎意料之外。然而在過去，孩子在經濟上幫助父母是很普遍的事，就像今天父母幫助孩子一樣的稀鬆平常。各個年齡段的人偶爾都會碰到需要金錢應急的時候。如果你正處於這種狀況，也沒什麼好尷尬的。你的孩子也許沒有必要的資源來幫助你，但是向他們求助並不會有什麼壞處。如果你這樣做了，我不認爲他們會因此減少對你的敬重。

內疚

有些父母擔心向孩子尋求幫助或建議會給他們帶來負擔，因此可能會因爲內疚而猶豫要不要開口。然而，幾十年來一直受你幫助的孩子，並不會因爲你偶爾向他們尋求幫助或建議而感到有負擔。我相信當初你在幫助孩子的時候，你一定也從中得到了快樂。那麼，你的孩子爲什麼就不會從幫助父母中得到快樂呢？這是健康的家庭成員之間樂於互助又心甘情願的行爲。

如果你請求的是特別困難的事，請先向孩子進行某種說明，但不要以「抱歉」作爲開頭。你不需要向一個與你有四、五十年關係的人請求幫助而作出辯解，即使是一件大事也不需要辯解。

你與成年子女是一生的夥伴

一旦你和孩子對你們的關係有了新的理解時，孩子早年與你之間的自主權衝突也將逐漸消失。你會開始用不同的眼光看他們，並欣賞他們的成熟。你可能會更經常地尋求他們關於你正在考慮的決定的意見。同時，隨著他們更了解成年人的要求和責任，並看見你們有多少共通之處，他們也會對你有新的看法。他們現在明白在經濟和情感上撐起一個家的感覺，也了解成爲老闆或受人頤指氣使的感受。當他們自己也成爲父母，並體會到養兒育女的喜悅和辛苦，這可能讓他們對你過去如何養育他們產生新的尊重和感激之情。

隨著你們逐漸適應彼此關係的這個新階段，你會發現它比幾年前更加公正平等。你不必再假裝自己比實際上的你更有知識、自信或完美無瑕。就許多方面而言，這是一種解脫。你會更自在地暢談你的感受、談論你一生中作出的好壞決定，以及你的擔憂和顧慮。

在坦誠相待的情況下，你們很可能發展出比以往更深的友誼。畢竟很少有人能像你的孩子一樣對你有如此長久或如此親密的了解，也很少有關係能像你們這樣親近。現在，你已放下身爲父母的一些特權，而你很可能會發現，你的孩子已經成爲情感支持的來源、良好的傾聽者、比你更有見識的良師，以及美好的夥伴。

要在你們的關係中達到這一點需要很長的時間和巨大的努力，而現在是好好享受這一刻的時候了。

致謝

沒有我的妻子溫蒂（Wendy）——她跟我一起養兒育女及一起當祖父母——的鼓勵、愛和支持，我是無法完成這本書的。她不僅閱讀和編輯了幾個版本的手稿，還憑藉著她對養兒育女和擔任祖父母角色的深刻智慧，幫助我釐清及改進了我對成年子女的父母的想法。她是傑出的良師和優秀的榜樣。

此外，還有幾位同事和朋友閱讀並評論了本書的初稿，他們的建議促成了極大的改善。我要感謝亞當斯（C. Jama Adams）、貝爾斯基（Jay Belsky）、達克沃斯（Angela Duckworth）、哈爾蒙（David Harmon）、曼恩（Todd Mann）、佩爾茲（Lawrence Peltz）、萊恩（Joseph Ryan）、史達克戴爾（Susan Stockdale）、崔明罕（Barrie Trimmingham）、韋恩若伯（Marsha Weinraub）、費雷夏・魏斯（Felecia Weiss）和傑夫・魏斯（Jeff Weiss）。

感謝美國退休者協會（AARP，又稱樂齡會）提出本書的構想，尤其要特別感謝AARP的利普索（Jodi Lipson）的編輯智慧。我也要感謝整個Simon & Schuster團隊，包括拜曲（Tzipora Baitch）、梅特卡夫（Phil Metcalf）、凱普蘭（Zoe Kaplan）和米尼艾里（Alexis Minieri）。

最後，我要謝謝我的經紀人吉姆・萊文（Jim Levine）和我的編輯伊蒙・多蘭（Eamon Dolan）。感謝他們建議我接下撰寫本書的計畫，並就如何建構本書給予出色的意見，同時也提出許多很棒的編輯建議。

國家圖書館出版品預行編目（CIP）資料

子女成年後，關係不疏遠：如何參與二十、三十、四十歲孩子的人生？/勞倫斯．史坦堡（Laurence Steinberg）著；謝明憲譯. -- 初版. -- 新北市：橡實文化出版：大雁出版基地發行，2024.07
面； 公分
譯自：You and your adult child : how to grow together in challenging times
ISBN 978-626-7441-42-8（平裝）

1.CST: 親職教育 2.CST: 成年 3.CST: 子女

528.2 113006709

BC1133

子女成年後，關係不疏遠：如何參與二十、三十、四十歲孩子的人生？

You and Your Adult Child: How to Grow Together in Challenging Times

作　　者　勞倫斯．史坦堡博士（Laurence Steinberg, Ph.D）
譯　　者　謝明憲
責任編輯　田哲榮
協力編輯　劉芸蓁
封面設計　斐類設計
內頁構成　歐陽碧智
校　　對　蔡函廷

發 行 人　蘇拾平
總 編 輯　于芝峰
副總編輯　田哲榮
業務發行　王綬晨、邱紹溢、劉文雅
行銷企劃　陳詩婷
出　　版　橡實文化 ACORN Publishing
地址：231030新北市新店區北新路三段207-3號5樓
電話：(02) 8913-1005　傳真：(02) 8913-1056
網址：www.acornbooks.com.tw
E-mail信箱：acorn@andbooks.com.tw
發　　行　大雁出版基地
地址：231030新北市新店區北新路三段207-3號5樓
電話：(02) 8913-1005　傳真：(02) 8913-1056
讀者服務信箱：andbooks@andbooks.com.tw
劃撥帳號：19983379　戶名：大雁文化事業股份有限公司

印　　刷　中原造像股份有限公司
初版一刷　2024年7月
定　　價　480元
I S B N　978-626-7441-42-8